給容易不安的你

科學實證的36種
解憂處方

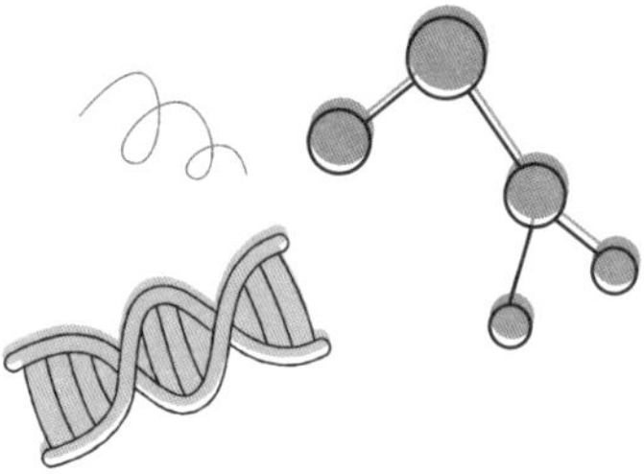

醫師／醫療法人社團 Aozora會
Tsubasa診所相模原 理事·院長
莊司英彥

楓葉社

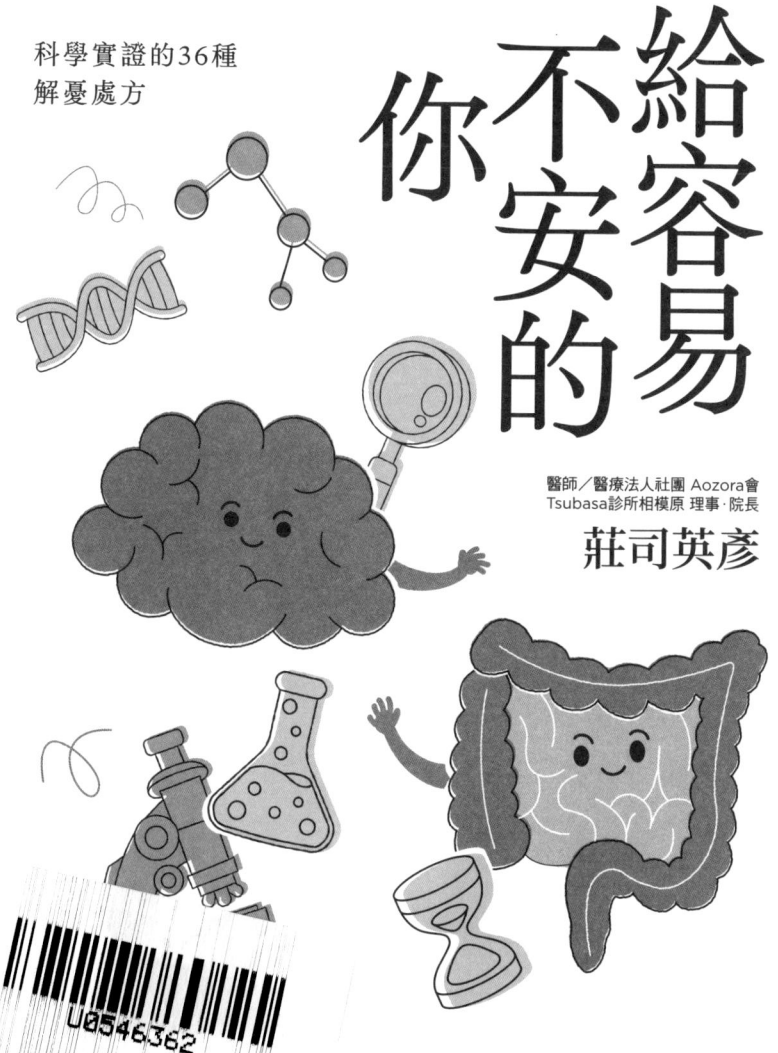

前言

我相信你會拿起這本書，一定是希望消除內心的「不安」吧？請容我向你致上誠摯的感謝。

每個人感到「不安」的事情不盡相同，有的人擔心工作和人際關係，有的人擔心戀愛問題，也有人對於家人的未來、教養小孩、金錢、健康感到憂慮。

或許，你也想要改變那個平常因為一點小事就感到不安的自己。

- **LINE訊息被已讀不回，擔心自己是不是被對方討厭了。**
- **擔心隔天的會議，心臟跳個不停。**

・職場上有人心情不好，自己的心情也會受到影響。
・看到朋友幸福的樣子，覺得自己好像被拋棄而不安起來。
・對小事過度敏感，工作進展不順利。
・對未來感到徬徨不安。

尤其如今人們的生活方式，在新冠疫情的影響下有了巨大的轉變。面對不習慣的生活、環境的變化，真假難辨且眼花撩亂的資訊，想必許多人都懷著無以名狀的不安。

我想藉由這本書，提供讀者基於正確醫學知識的具體解決方案，一舉化解各位心中的不安。

坊間也有許多關於「如何排解不安」的著作，諮商心理師、僧侶等各路專家都提出了各式各樣消解不安的方法，例如「改變想法」、「別再任人擺布」、「停止過度反應」。

這些建議都是正確的。無論理由是什麼，人的不安都是自身想法與心態所致。

可是站在醫生的角度來看這些方法，坦白說有些「隔靴搔癢」。

實際上，我相信有人讀了那些書的當下，心裡確實輕鬆了一些，但回到日常生活後卻發現自己毫無改變，於是感到沮喪。

我們的心可不是靠「改變想法」就能輕易轉變的東西。容易不安的你，應該比任何人都清楚這一點。

不過別擔心，這本書會成為你化解不安的王牌。

因為書裡介紹的方法，都有腦科學和醫學上的根據。

醫學研究顯示，造成不安的原因在於「大腦」或「腸道」（或兩者皆有）。

過去你怎麼努力都無法消除不安，是因為你試圖改變「心靈」。偏偏心靈是一種捉摸不清，根本不知道在哪裡的東西。

容易不安的人通常有以下傾向：

- **腦神經網路僵化成「負向迴路」。**
- **腸道環境混亂（腸道菌群失衡）。**

換句話說，如果將腦神經網路轉換為「正向迴路」，並且改善腸道環境，不安的情緒便會煙消雲散，彷彿之前都只是一場夢。

詳細的內容會在正文中闡述，不過或許有人會疑惑：你說大腦就算了，腸道和不安會有什麼關係？

最新的醫學研究顯示，許多憂鬱症患者的腸道環境都很混亂。

讀者有沒有聽過「腸腦軸線」（gut-brain axis）？意思是大腦與腸道的狀況會相互

影響，當大腦感到不安或承受壓力，腸道環境便會失衡；而腸道環境失衡，大腦也會感到不安或壓力。

換句話說，消除內心不安的最佳手段，就是針對「大腦」與「腸道」雙管齊下。

本書準備了36種從「大腦」和「腸道」著手消除不安的方法，樣樣都經過科學驗證確實有效，各位可以放心實踐。

這些方法不需要統統用上，每種方法的作用也因人而異。各位只要想著「今天試試看從大腦消除不安吧」、「看來我不安的問題出在腸道」，抱著愉快的心情嘗試看看就行了。相信這些方法一定能成為你遠離不安的「心靈護身符」。

我身為一名腦神經外科醫師，16年來埋首一場又一場手術。處理腦外科的疾病時，即使施行適當的手術，也不見得所有患者都能康復，有些患者會留下後遺症，甚至不幸去世。在飽受無力感折磨的日子裡，我體悟到與其治療疾病，不如預防疾病，因此投身預防醫學。

從事預防醫學後，我發現懷有愈多不安、承受愈大壓力的人，身體愈容易出狀況，愈容易生病。這讓我深刻體會到古人說「病由心生」的道理。消除不安，也有助於守護你的身體健康。

希望各位讀了這本書之後，能夠消除內心的不安，過上身心健康的每一天。

莊司英彥

給容易不安的你：科學實證的36種解憂處方●目錄

第1章 從「大腦」著手消除不安

第2章 從「腸道」著手消除不安……65

第3章 難過時的護身符！瞬間消除不安的方法……115

第4章 消除不安的生活習慣……141

序章

科學研究已經揭開「不安的真面目」

內心敏感的人，比較容易不安

介紹消除不安的方法之前，我們先釐清「不安」究竟是什麼。

打個比方，當你玩過同一間鬼屋愈多次，就不會像一開始那麼害怕，因為你已經摸清楚鬼會在什麼時候、什麼地方出現。同樣的道理，一旦**了解「不安的真面目」，就有機會緩解不安的心情**。

不安本來是我們人類在面對外敵時保護自己的正常反應。假設現在有一隻饑餓的獅子出現在眼前，我相信任何人都會感到強烈的不安。此時，多巴胺和正腎上腺素等神經傳遞物質會瞬間分泌，使你判斷要立刻逃跑。正因為人類會感到不安，才能預知危險，在歷史長河中生存下來。

換句話說，有些人之所以容易感到不安，可能是因為大腦將微不足道的事情視同「碰上獅子」的情境。「不安」湧現是一種自我防衛的反應，幫助我們遠離心情不好的人、生氣的人、明天的會議。容易不安的人，其實也可以視為內心敏感、擅長預知危險的人。

但是過度敏感，對每件小事都惶惶不安，生活就會變得很痛苦。如果天天都碰上獅子，都要設法逃出生天，我們的內心可受不了。

那麼，我們該如何打造沒那麼容易對生活大小事感到不安的體質？我們需要從「大腦」和「腸道」兩方面著手。

腦神經迴路才是你的「心聲」

先從大腦的觀點探究「不安的真面目」。

成人的大腦約有860億個神經細胞，又名神經元。我們思考或感受時，大腦中的神經元會相互結合，藉由神經傳遞物質來傳遞訊息。

神經元之間連接的部分稱為突觸。860億個神經元都是透過突觸相互連結，構成整個大腦的龐大資訊網路。

美國紐約大學神經科學中心的教授約瑟夫・勒杜（Joseph E. LeDoux）斷言：「突觸主宰了我們所有的行為與思考，以及我們表達和經歷的所有情緒。」他也說道：「你之所以像是你的樣子，全是大腦神經元之間的連接模式所決定的事情。」

換句話說，**突觸（連接各個神經元的迴路）的狀態決定了我們的「心聲」**。

驚人的是，科學家在進入21世紀後已經發現，我們其實可以依照個人意志來增加或消除突觸。

腦神經學家艾力克・肯德爾（Eric R. Kandel）教授，透過科學方法證明了大腦中存在正向神經迴路和負向神經迴路，而且人可以自行決定這些迴路的增減。這項研究也讓他獲頒了西元2千年的諾貝爾生理醫學獎。

既然人能自夠行增減大腦的神經迴路，就代表我們可以憑自身意志改變「心聲」。

碰上一點小事就會感到不安的人，腦神經迴路已經形成負向迴路，所以即使努力消除不安也沒什麼效果。反過來說，**如果能將大腦的神經迴路變成正向迴路，不安的感覺就會自動減少**。

我們可以重新改寫腦神經迴路

不過，我們真的有辦法改變大腦的神經迴路嗎？

沒錯，真的有辦法。

容易不安的人之所以會形成負面的神經迴路，是因為平常老是想一些令人不安或負面的事情。

我們在想事情的時候，或感受到什麼的瞬間，神經元之間會形成新的連結（即產生突觸），將這些記憶保存下來。愈強烈的情感，愈能促進神經元之間相互連結。

結果就是成天想著負面事情的人，連結到不安情感的迴路會不斷擴張，感受喜悅與幸福的迴路則會逐漸縮小。

倘若大腦的負向神經迴路占優勢，那就算你再努力克制自己的不安，大腦也會自動啟用負向迴路，判斷你應該感到不安。

換句話說，你的不安其實是突觸惹的禍。

不過請放心，人無論到了幾歲都能重新編寫突觸的連結方式。研究已經證實，我們可以藉由改變腦袋的使用方式，一再改寫神經迴路。

這種能力稱作**「神經可塑性」（neuroplasticity）**。

那麼，怎麼做才能減少負向神經迴路，增加正向神經迴路？

重點是「正向思考」。即使起初無法真心產生正面的情緒，只要持續思考正面的事情，就能動用「神經可塑性」，讓正向神經迴路逐漸取得優勢。

大腦會對屢屢結合、反覆出現的想法自動產生反應，讓人在不知不覺間習慣正向思考，進而促使身體轉換成不易感到不安的體質。

具體的做法，請參考第1章的解說。

不安的人，腸道環境比較混亂

接著從「腸道」的角度來探討「不安的真面目」。讓我們具體深入「前言」提及的「腸腦軸線」。

不久之前，大家還認為腸子只是一條消化與吸收食物的長管，不過是個普通的器官。然而近期的研究發現，腸道在人體中扮演了極為重要的角色，甚至堪稱「第二大腦」。不少研究者也認為「腸道」狀況對心理健康的影響比「大腦」還要明顯。

人類全身上下的免疫細胞約有7成存在於腸道，而這些腸內免疫細胞會張開一層屏障，阻擋入侵體內的病毒和病原體。腸道中超過1千種、總數達到100兆的「腸道細菌」必須維持良好的平衡，這道屏障才能正常發揮作用。

這些「腸道細菌」就是關鍵角色。腸道細菌大致分為好菌（如雙歧桿菌和乳酸菌）、壞菌以及中性菌共三大類。「腸道環境混亂」的意思，就是腸內好菌數量減少，壞菌占據優勢的狀況。

日本國立精神暨神經醫療研究中心的功刀浩博士研究團隊，比較了43名憂鬱症患者和57名非憂鬱症患者的腸道菌群，發現憂鬱症患者的雙歧桿菌（bifidobacterium）和乳酸菌數量明顯較少。

究竟是好菌數量少導致了憂鬱症，還是憂鬱症導致好菌數量減少，其中的因果關係尚待研究釐清。不過**各國的研究都已經證實，大腦和腸道狀態之間確實存在因果關係，**

也就是「腸腦軸線」。容易不安的人之所以經常有便祕或腹瀉等腸胃問題，也印證了這件事情。

由此可見，改善腸道環境就有可能對大腦產生影響，化解不安。

「腸道」會生成幸福荷爾蒙再輸送給「大腦」

為什麼腸道環境良好，大腦也會更加健康？

根據日本東京醫科齒科大學名譽教授藤田紘一郎的報告，大腦的神經傳遞物質如血清素、多巴胺都是於腸道內合成，而其前體（precursor，物質的前身）會經由腸道細菌運送至大腦。血清素和多巴胺俗稱「幸福荷爾蒙」，有一說認為血清素不足是導致憂鬱症的原因之一。

換句話說，**腸道細菌失衡會減少血清素的合成量，使人容易不安，難以感到幸福**。

如果你覺得「哪有這麼荒唐的事情」，那你恐怕低估了腸道的重要性。

腸道和大腦的關係之所以如此緊密，其實也有生物學上的根據。

生物最早擁有的器官既不是大腦，也不是心臟，而是腸子。像水母和海葵等腔腸動物並沒有大腦，腸道就扮演了大腦的角色。而神經元（神經細胞）最早出現的地方，正是腔腸動物的腸道。

沒錯！就是前面提到的那個神經元。我們大腦內負責傳遞訊息的神經元，其實最早是在腸道裡面誕生的。

雖然之後生物演化出了各種大小不一的大腦，不過追本溯源，**大腦其實可說是由腸子演化而來的器官**。

相信各位讀者知道這一點後，也能理解人類的大腦與腸道關係有多麼密切了。

我們可以改善腸道與大腦之間的神經傳遞功能！

另一項研究也顯示腸道菌群可能會影響大腦突觸的功能。

瑞典卡羅林斯卡學院（Karolinska Institutet）和新加坡基因組研究所（Genome Institute of Singapore）的研究團隊做了一項實驗，他們準備一組擁有正常腸道菌群的小老鼠，一組缺乏腸道菌群的小老鼠，觀察兩組的成長情況。結果顯示，缺乏腸道菌群的小老鼠表現出較強的攻擊性；調查這組老鼠的大腦，也發現血清素和多巴胺等神經傳遞物質的含量較低。

至於另一組在無菌小老鼠成長初期植入腸道細菌的實驗中，無菌小老鼠則逐漸表現出與起初即擁有腸道菌群的小老鼠無異的正常行為。

因此研究團隊認為，**腸道細菌可能會影響大腦神經細胞突觸的功能**。

沒錯！就是前面提到的那個突觸。換句話說，整頓好腸道環境，或許也能改寫大腦的「負向神經迴路」，轉換成「正向神經迴路」。

抵禦不安的維生素B、C不足也是腸道的問題

我工作的診所提供一項治療方法，替身心俱疲的患者施打富含維生素B群和維生素C的點滴。這不僅有助於改善慢性疲勞、疼痛、頭痛、肩頸僵硬和經期不順等問題，也有助於改善憂鬱症。

這裡我想打個岔，相信很多讀者都還記得以前歷史課學過，一四九七年，葡萄牙航海家達伽馬經過好望角，發現了通往印度洋的航線。

當時船上共160名船員中，有100名已經喪生，後來調查才發現他們死於缺乏維生素引

發的壞血病。船員缺乏維生素的原因，不僅與他們在船上沒吃蔬菜和水果，並未攝取維生素有關，也與腸道菌群失衡脫不了關係。長期食用保存食品和罐頭，也會導致腸道菌群發育不全。

腸道細菌具備合成維生素Ｂ群的能力，而這些腸道細菌需要攝取靠膳食纖維來繁殖。但船員不僅維生素攝取量減少，又缺乏腸道菌群合成維生素Ｂ群，所以才會陷入維生素嚴重不足的狀況。

言歸正傳，讓我們說回「不安」。

之所以提到維生素，是因為**維生素B群和維生素C也參與了大腦神經傳遞物質的合成**。換句話說，腸道菌群失衡將導致維生素的合成量減少，繼而造成血清素等神經傳遞物質匱乏，引發不安、煩躁等心理不適。

某些憂鬱症患者注射了維生素後，狀況便有所改善，這很有可能是因為解決了維生素不足的問題，大腦得以充分分泌神經傳遞物質的結果。

消除不安＝改寫腦神經迴路＆調整腸道

以上就是科學研究證實的「不安的真面目」。

比起模糊不清的「心靈」問題，大腦和腸道的問題處理起來是不是簡單多了？

但我必須誠實地說，我不能保證本書介紹的方法「一定」能消除你的不安。畢竟就像每個人長得都不一樣，每個人的基因也不同，這世上並不存在一個對所有人都有效的「萬靈丹」。

即便如此，我也無法眼睜睜看著你被不安壓迫得瀕臨崩潰。這不只是我作為醫生的使命，更是因為我希望透過這本書遇見的你，能夠笑著度過每一天，而不是成天籠罩在不安底下。

因此，我將動用自己迄今所有的臨床經驗和研究成果，告訴各位「消除不安的科學方法」。

請務必實踐看看。如果一種方法無效，大不了換個方法試試。

書法家藤田雄大先生是我的朋友，前陣子他送了我一幅寫著「空」字的作品。我將這幅字畫貼在臥室，每天看上一看。我每次看到，總會想：「我本來就一無所有」、「就算把我拿去燒，也只能產生讓65瓦燈泡發光3個小時的價值」。

奇妙的是，這麼一想反而讓我充滿了力量。這股「船到橋頭自然直」的傻勁給了我能量。

希望大家也能抱著「船到橋頭自然直」的心態，善用本書介紹的內容。

第1章 從「大腦」著手消除不安

① 睡前妄想一些正面事物

「妄想正面事物」有助於培養不易焦慮的體質，並讓大腦以「正向神經迴路」為主。蘇格蘭化學家大衛・漢彌爾頓（David R Hamilton）博士發現，正向思考能改變大腦結構，強化突觸連結。同樣的念頭重複愈多次，連結就愈強。然而，突然要求不習慣妄想的人「妄想一些正面事物」，恐怕也只會教人感到不知所措吧。所以各位不妨嘗試以下的方法：

【睡前妄想正面事物的做法】

①準備紙筆，將自己渴望的人生寫成短短的文章。

（例：我想和一堆貓一起生活在老房子裡面。）

②睡前躺在床上，想像自己理想中的人生畫面。

（例：具體想像自己真的和貓一起生活的情景。）

③妄想時積極運用五感（視覺、聽覺、觸覺、嗅覺、味覺）。

（例：有幾隻貓？毛色如何？叫聲怎麼樣？抱起來的觸感如何？）

④懷著幸福的心情入睡。

⑤持續妄想同樣的事情1～3週。

⑥準備新的①，養成睡前妄想的習慣。

重點是妄想時要積極運用五感。尤其是「嗅覺」和「味覺」，這兩種感官會動用到大腦裡面非常古老的區域，在重新編寫神經迴路時發揮莫大的作用。

我們感受到的不安，有99％來自「視覺」、「聽覺」、「觸覺」。「嗅覺」和「味覺」不受到不安迴路的影響，因此這兩方面的妄想對於改寫大腦神經網路，建構正向神經迴路十分有效。

此外，選在睡前妄想的效果會更好。因為大腦會將睡前的「正面體驗」儲存下來，於快速動眼期（rapid eye movement，REM）優先處理，所以神經元之間的連結（突觸）強度會是日間體驗的3倍。

隨著神經網路迅速轉變為「正向神經迴路」，許多人做夢的內容也會變得更幸福。只要持續妄想1週左右，即使沒什麼特別的理由，心情也會愉快許多。大約3週過後，大腦就會認識這套反覆妄想的模式，並將資訊儲存於小腦而非大腦。換句話說，負向神經迴路已經改寫成正向神經迴路，從此自動產生喜悅和安心感。

恐慌症等焦慮症的治療上也會用到這套妄想法，而且治療效果相當好。

我舉的例子是和貓一起生活，但任何你心中渴望的事情都可以拿來妄想。不過，必須是你會發自內心感到幸福的事情才有意義。

每晚妄想一些快樂的事情

② 就算不快樂也要「假笑」

法國哲學家阿蘭（Alain）在其著作《論幸福》中提到：「人不是因為幸福才笑，而是因為笑才幸福。」這句話從科學角度來看也是正確的。

早在一九八八年，德國心理學家弗利茨・史崔克（Fritz Strack）就進行了以下實驗：他讓一組人咬著打橫的鉛筆，另一組則沒有，然後要求他們閱讀同樣的漫畫並打分數。結果顯示，咬著鉛筆的那一組評分更高。因為咬著鉛筆時，自然而然會形成笑容。

後來世界各地也進行過類似的實驗，並且都得到相同的結果。

也就是說，**人並不是因為「快樂」或「幸福」才笑，而是像阿蘭所說的，「是因為笑才變得幸福快樂」**。

我們的大腦已經將「笑」＝「快樂」、「幸福」的資訊編入神經網路，因此我們可以反過來利用這套模式，**即使不快樂也能故意「假笑」來喚起幸福的感覺**。

假設你正準備面對一場令人緊張的會議，感覺自己就要被不安壓垮。

這時，可以咬住筆或任何東西，擠出「假笑」，這樣肌肉記憶就會告訴大腦：

「大腦！我（嘴角的肌肉）正在笑，代表我現在心情很好。」

此時大腦會回應：「才沒這回事，我現在被不安壓得快喘不過氣了。」

但千萬不要放棄。

繼續假笑大約2分鐘，大腦就會放棄抵抗，採納肌肉的意見。因為大腦的職責就是確保身心狀態一致。

心理學上將這種特性稱作**「體現（embodiment，另譯具體化）」**。

此外，還有研究證實**「做愉快的動作可以讓人開心起來」**。

美國舊金山州立大學的艾瑞克・佩珀（Erik Peper）博士等人，在一場實驗中要求受試者做出小跳步等愉快的動作，或擺出滑稽的姿勢，並調查其心理狀態，結果發現很多人精神都好多了。

比起臉部表情，滑稽擺動手腳的體現效果更好。這似乎已經逐漸成為當今心理學界的主流意見。

美國社會心理學家艾美・柯蒂（Amy Cuddy）則提到，坐在沙發上，雙手抱在脖子後方，雙腳放在桌子或椅子上的姿勢，有助於排解不安。

換句話說，強行擺出充滿活力的動作或姿勢，心情也會隨之趨向有活力的狀態。

具體來說，可以擺出握拳打氣的姿勢，跳一些滑稽的舞蹈，或是模仿動畫角色，建議做一些在令人不安的情境中絕對不會做的事情。

這麼一來，惴惴不安的心自然會快樂積極起來。

面對令人不安的報告時…
這場報告，
要是失敗了怎麼辦…
這種時候
假笑就對了！
這種時候
耍寶就對了！
啦啦啦啦
大家好！新商品的特徵是…
心情好像變好了！

③ 提升自我肯定感

現代人十分關注「自我肯定感」的概念。自我肯定感可以定義為「對包含缺點在內的真實自我感到滿意的狀態」。根據日本內閣府的調查，各國年輕人回答對自己感到滿意的比例，美國為86·0%、英國為83·1%、法國為82·7%、韓國為71·5%，日本卻只有45·8%。

自我肯定感低落的人，想法經常會受到他人左右，拿自己與他人比較而感到不安，

說不出自己想說的話而沮喪，甚至覺得自己這樣很可恥，因而陷入負面思考的螺旋。**我認為日本之所以有愈來愈多人容易感到不安，原因之一就在於自我肯定感低落**。

然而，自我肯定感也可以藉由改寫大腦神經網路來提升。自我肯定感的高低並非取決於個人「條件」，例如聰不聰明、個性好不好、學歷高不高、是否從事嚮往的職業。一個人即使過著令人嚮往的生活，自我肯定感也可能很低。

容易感到不安的你，或許自我肯定感也比較低；但是人無論到了幾歲都能提升自我肯定感。就讓我們運用以下方法，從大腦的神經網路下手，改寫自我形象。

【改寫自我形象的方法】

①放鬆坐著，閉上眼睛。想像眼前有一面電影銀幕。
②想像你目前最煩惱的狀況、情景，像電影的片段一樣投影到銀幕上。

（例：無法拒絕上司交代的不合理工作。）

③暫停影像。將靜止的彩色畫面變成黑白畫面，慢慢調低音量直到靜音。

④在銀幕右下角開啟一個小視窗。小視窗裡播放的是理想中的自己，也就是你真正想要成為的樣子。

（例：堅定地告訴上司「我今天有事」，回絕工作。）

⑤大聲說出「交換」！然後將小視窗和大銀幕的畫面對調。

⑥播放對調到大銀幕上的影片，欣賞你活出自我的模樣。

（例：早早回家享受天倫之樂。）

一再練習「改寫自我形象」，大腦的神經網路就會產生變化。

而練習改寫自我形象的時機，最好選在感覺自己活得不像自己的夜晚。多練習幾次之後，當你又一次面臨相同的狀況時，就有辦法循著自己真實的心聲應對。以上述例子來說，你將能堅定地拒絕上司不合理的要求，與家人共度寶貴的時光。

「提升自我肯定感」就是「活出自我」。總是惶惶不安的，也沒辦法好好活出自己的人生吧？鼓勵你積極改寫自我形象，擺脫被別人牽著鼻子走的人生。

你是否總是任人擺布？

④ 寫下讓自己感到不安的事情

有項心理學實驗證實，只要將不安的事情寫下來，就足以緩解不安的感受。

美國芝加哥大學的教授錫安・拜洛克（Sian Beilock）與他的研究團隊提出一份報告，指出在考試前10分鐘感到不安的情境下，將這份心情寫下來的學生，與什麼也沒做的學生相比，前者取得的成績較高。

為什麼光是寫下不安的心情就能提升考試的成績？

因為**「感到不安」本身就會消耗大腦的工作記憶（短期記憶）容量**。不安的人在考試的過程還要監控自己的不安，並試圖壓抑不安，因此只會無謂地消耗工作記憶容量。

將不安寫下來，可以將占用工作記憶的「不安」趕出腦袋，提升大腦運作效率，從而提高考試成績。

這種將不安和壓力寫下來的方法，稱作「表達性書寫」（expressive writing），其效果已經得到數百項科學研究的證實。

有些人會在日記或社群媒體上記錄自己的不安，這種行為其實也很合乎科學邏輯。

「表達性書寫」的創始人詹姆斯・彭尼貝克（James W. Pennebaker）教授表示：

「多項研究顯示，執行『表達性書寫』的受試者，幸福的感受會提高，負面的情緒會減少。」

「經過數週至數個月後，可以觀察到受試者的憂鬱和不安狀況有所改善，壓力亦有緩解的趨勢。其他研究也證實了表達性書寫能提升一個人整體的幸福感，改善認知功能。」

透過書寫驅散腦中的不安，想必能將大腦的神經網路逐漸變成「正向神經迴路」。

如此一來，便能培養出不易焦慮的體質。

想要充分發揮「表達性書寫」的效果，可以參考以下做法。

【表達性書寫的做法】

①每天花20分鐘，不間斷地寫下不安和煩惱。

（不必在意文筆好壞或有沒有錯漏字，重點是寫個不停。建議準備紙本的筆記本而非電子工具，因為手寫的效果更佳。）

②先連續寫4天。

（多項研究顯示，至少要連續寫上4天才會出現明顯的效果。建議挑睡前書寫。）

③習慣後，將個人的不安轉化為普遍性問題。

・個人的不安：「我今天工作上又犯錯了。好擔心會不會被上司罵。」

・普遍性問題：「人非聖賢，孰能無過。每個人犯了錯都會擔心自己被罵。」

（將自己身上發生的事情轉化成普遍發生在所有人身上的狀況，有助於我們以客觀、宏觀的角度看待不安和壓力，進而中和掉負面情感。）

古今中外有不少小說家，都是為了排解自身不安而開始創作。如果你不排斥寫作，不妨試著把真實感受化為文字，藉此抒發情緒、緩解不安。現在有許多可發表的平台，你可以先累積文章，日後再發表。相信你的表達性書寫，會帶來意想不到的收穫。

將焦躁不安全部寫下來！

⑤ 寫一篇關於「死亡」的文章

我很喜歡一本書，是攝影師藤原新也的名著《メメント・モリ（Memento Mori，暫譯）》。這本書出版至今37年來膾炙了無數人口，是一本超級長青的暢銷書。書中除了收錄印度與其他亞洲國家的照片，還附上了扣人心弦的詩文。

我還在念書時接觸到這本書，屢屢被書中強而有力的「生命頌歌」所鼓舞。

裡面有一句話說**「看不見真正的死亡就無法真正地活著」**。我因此體悟到：倘若逃

避面對死亡，就無法全力以赴地活好這唯一一次的生命。

「Memento Mori」是拉丁文，意思是「勿忘你終將一死」。

我之所以在此介紹《Memento Mori》，是因為**思考「死亡」並將想法轉化為文字能有效緩解不安**。這種方法稱為「死亡書寫」（death writing）。

英國肯特大學（University of Kent）的心理學家團隊發現，死亡書寫可以提升個人的自我肯定感和動力，降低不安和壓力水準。此外，同理心和親和力也會有所提升。

【死亡書寫的做法】

連續1週，每天花10～15分鐘撰寫關於死亡的文章。

就這麼簡單。具體來說，可以問一問自己「如果我的人生即將結束，我會怎麼做？」、「如果我得知自己的壽命比預期短，我會如何應對？」、「我死後，身邊的人會有什麼反應？」然後像寫散文一樣寫下自己的想法。總之，每天都要認真思考死亡。

為什麼死亡書寫能消除不安？因為思考所有人都無法避免的「死亡」，可以讓人體認到當下「生命」的珍貴。日常瑣事往往讓我們忘了絕無僅有的一生是多麼可貴。

但如果連續1週認真面對死亡，就會感受到生命是多麼的燦爛。**即便感到不安，也能將這份感受視為「生命的一部分」去珍惜**。

蘋果創辦人賈伯斯曾提出一個問題：「如果今天是你人生的最後一天，那你今天是否在做你真正想做的事情？」

死亡書寫或許能讓我們重新意識到「遵循自己的心聲過活」有多麼重要。

不過，請將這種方法當作「最後一步」，等你嘗試其他消除不安的方法之後再說。

飽受憂鬱症或焦慮症折磨的人，進行死亡書寫恐怕會讓大腦的神經網路進一步趨向負向神經迴路，導致心理狀況惡化。

等你建立起不易焦慮的體質，準備抱著全新的心靈邁出嶄新人生的第一步時，不妨嘗試這種方法來提高動力。

活著真是太美好了！

如果我的人生將在1年後結束，我想做什麼？
如果我死了，誰會為我感到難過？
人生，
就這麼一次。
可沒有時間感到不安！
唰！

⑥ 睡前書寫「正向日記」

據說我們人類一天會思考6萬次。相當於清醒時，每秒都會思考1次。

而在這6萬次的思考中，有約莫8成，即4萬5千次容易傾向負面思考。因為「負面思考」（即不安）能幫助人類預知危險，在生存競爭中勝出。這是刻在我們基因裡面的天性。

此外，當我們體驗到某件事情時，大腦會為了記住那件事情而產生大量的神經突

觸。光是思考事情，大腦便會產生許多神經突觸。因此，若不刻意提醒自己「正面思考」，人類預設的思考狀態就是「負面思考」，也就是感到不安。

尤其日本人的血清素分泌量比歐美人少，會更容易感到不安。

前面我介紹了幾種將大腦神經網路改寫成正面神經迴路的方法。而這裡要介紹的「書寫正向日記」，應該是最容易養成習慣的方法。

【正向日記的寫法】

①在日記裡寫下1項當天發生的負面事件。（以條列式書寫）

②在日記裡寫下4項當天發生的正面事件。（以條列式書寫）

關於內容，①可以是「無法專心工作」、「錯過電視劇」、「滑太久社群媒體」，②可以是「天氣很好」、「午餐很好吃」、「搭電車時有座位」、「A先生看起來很帥」，任何微不足道的事情都可以。而且我建議採條列式書寫，因為採文章的形式可能會無法延續這項習慣。重點在於睡前回顧當天發生的事情，並且養成習慣。

這套方法的提出者是英國牛津大學的艾蓮恩・福克斯（Elaine Fox），稱作「4件好事法」（Four Good Things）。

接下來，我會說明這套方法為什麼可以消除不安。

如前面所述，由於人類大腦的預設思考模式就是負面思考。換句話說，大腦的神經網路狀態為負向神經迴路，所以當我們遇到正面的事情時，往往沒過兩下子就忘了。「4件好事法」的用意就是打斷負面循環，半強制地讓大腦去認知正面事件。

至於特地寫下1項負面事件的用意，是讓大腦回憶起這個負面事件，認識到正面事件毫無疑問多於負面事件，從而強化正面情感的影響。

選擇在睡前書寫，就像前面說明的一樣，是因為能有效增加突觸的數量。或許讀者會想：「睡前要做的事情怎麼那麼多？」但你當然不需要實踐書裡介紹的所有方法，只需挑選幾種方法嘗試，覺得有效的方法再養成習慣即可。

打造正面思考的大腦

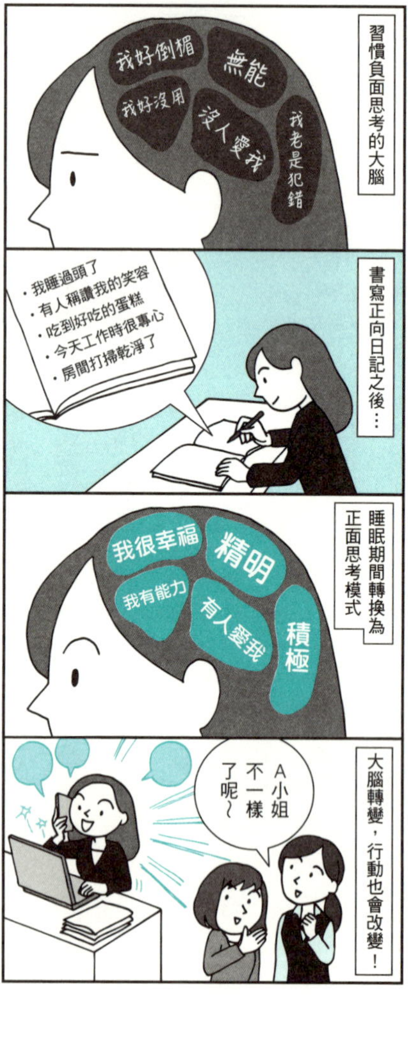
習慣負面思考的大腦
我好倒楣
無能
我好沒用
沒人愛我
我老是犯錯
書寫正向日記之後……
・我睡過頭了
・有人稱讚我的笑容
・吃到好吃的蛋糕
・今天工作時很專心
・房間打掃乾淨了
睡眠期間轉換為正面思考模式
我很幸福
精明
我有能力
有人愛我
積極
大腦轉變，行動也會改變！
A小姐不一樣了呢～

⑦ 將感到不安的時間排進日程表

有沒有讀者總是在一些煩惱也沒用的事情上鑽牛角尖？好比說「擔心現在的工作能不能繼續做下去」、「擔心孩子的未來」、「擔心房貸付不付得出來」、「擔心病情惡化」。

這樣的讀者，請試試看事先「將感到不安的時間排進日程表」。例如：

・只在星期三下午1點花30分鐘煩惱錢的問題。
・只在星期一午餐時間過後煩惱孩子的事情。

・在星期五回家的路上思考換工作的問題。

就像這樣，將思考內心不安的時間預先排入日程表。

人類很奇妙，只要決定好之後再考慮那些令人擔心的事情，就能減輕心理壓力。由於這麼做就不會浪費前面提到的「工作記憶」，所以能專注於其他事情上。

這項手法稱作「刺激控制」（stimulus control），在心理學界行之有年，對於容易不安的人特別有效。

【將不安時間排入日程表的方法】

①將你預計會感到不安的事情寫進日曆。

（每週安排1～2次的不安時間，每次設定15～30分鐘。一次只煩惱1件事，且避免安排在睡前。）

②「不安時間」開始後，將你感到不安的事情寫在紙上。

（設定的時間一到，就像處理待辦事項一樣，將腦中浮現的不安寫在紙上。做法可以參考「表達性書寫」。）

③將月曆放在隨時看得見的地方。

（將月曆放在隨時看得見的地方，就能提醒自己：「明天才要不安！現在先別管！」如果寫在記事本或手機的日曆應用程式，請每天打開來查看，隨時留意什麼時候才是不安時間。）

1個星期過後，請回頭看看自己寫下的內容，養成習慣從第三者的角度客觀審視自己對於那些不安的事情有什麼感受。

這麼做能幫助你看出自己不安的模式，冷靜地分析自我。例如：「我發現自己與陌生人見面或思考付錢的事情時會感到不安」、「原來我在孩子考試成績不理想時，會過度擔心孩子的未來」。

如此一來，當你再次碰上相同的狀況，就能客觀地看待自己，慢慢減少心裡的不安或壓力。成天心神不寧，無法專心做事的人，請試試看將「不安」納入你的日程表。久而久之，你就能建立抵禦不安侵擾的心神。

將不安時間排進日程表！

⑧透過行動排除不安

不安的時候，大腦會分泌一種稱作正腎上腺素的神經傳遞物質。正如「前言」提到的，當我們與一頭獅子對峙時，正腎上腺素便會迅速分泌，促使我們判斷「要戰鬥還是逃跑」；因為傻傻呆在原地會有生命危險。

我們平常感到不安的時候，大腦也是判斷我們處於類似面對獅子的「危機狀態」，於是分泌正腎上腺素，催促我們「快點行動，逃離危險」。假如我們什麼也不做，放任正腎上腺素持續分泌，不安的感受只會持續增強。

因此，**迅速解決不安的方法就是「立即行動」**。戰鬥也好，逃跑也好，總之行動就是擺脫不安的最佳對策。

前面介紹的「妄想正面的事情」、「書寫」、「假笑」都是一種「行動」。只將這些事情當作一項知識記在腦海裡（輸入），什麼也不會改變。唯有身體力行（輸出）才能改變現狀。

話雖如此，我也明白嘗試做一件新的事情有多麻煩。即便有人要求自己「動起來」，很多時候就是提不起勁。

這種時候，希望各位記住一件事情：

「只要採取任何行動，自然會產生動力」。

長久以來，大家普遍認為人類的行動是「大腦思考過後下達指令的結果」。

然而，現代腦科學已經證明，**人類其實是「先行動再思考」的生物**。

舉例來說，猜拳的時候，在你意識到自己要「出布」之前，大腦已經先發出指令要肌肉「出布」，而當你的肌肉動起來之後，你的心才會意識到「我要出布」。

聽起來很不真實，不過科學家測量人類大腦的活動，發現這道順序十分明確。

美國生理學家班傑明・利貝特（Benjamin Libet）研究發現，人類大腦準備執行行動作而發出的訊號，早於意識到動作執行的訊號。

這項研究結果意味著什麼？意味著**「人只要行動，大腦也會隨之產生行動的意願」**。

舉例來說，提不起勁念考試的東西時，可以先坐到書桌前，翻開參考書，在筆記本上寫點東西。

需要回覆大量郵件時，可以先打開郵件，按下回信的按鈕，先寫出第一行。神奇的是，一旦採取了一點行動，大腦就會逐漸湧現動力。同樣的道理，各位只要先嘗試一下書中介紹的方法，就會愈來愈有幹勁。

本章最後，我想介紹幾種從大腦著手消除不安的行動方法。雖然這些方法簡單到令人傻眼，但其實很多容易感到不安的人往往沒有做到。希望這樣的讀者能在生活中提醒自己多多實踐這些方法。

【消除不安的行動方法】

①找人聊天或商量

（我相信大家都有將自己的煩惱說出口後心裡輕鬆許多的經驗。找朋友商量，或單純閒聊，都可以跳脫不安的循環。很多人僅是對著諮商心理師或精神科醫師「說話」，心情就會輕鬆不少。最糟糕的情況莫過於將「不安」關在自己心裡。）

②書寫

（即使不是採用本書介紹的方法，只要將不安寫下來，都能整理腦中的思緒，深入洞察自我。也有助於找出修正錯誤想法與極端情緒的線索。容易感到不安，代表你個性比較細膩。而細膩的人可以注意到其他人察覺不到的東西。你也可以將寫出來的東西當成作品公開發表。）

③運動

（至少人在全力運動時不會感到不安。沒有運動習慣的人，可以趁這個機會開始運動。運動能刺激幸福荷爾蒙「血清素」分泌，並且使正腎上腺素的分泌狀況恢復正常。）

以上就是從大腦著手消除不安的方法。

如果這些方法試了好一段時間，不安依然揮之不去，那麼可能「腸道」才是不安的根源。就讓我們進入下一章好好探討吧。

透過行動消除不安！

我上司超不會看狀況我真的會受不了。
天哪，好煩喔。
和朋友說說話…
將心聲寫成文章…
小說完成！我是天才！
甚至光是做點運動…
都能夠大幅消滅不安的感受！

第2章

從「腸道」著手消除不安

⑨ 食用益生菌（發酵食品）

「序章」提到，「整頓腸道環境」對於消除不安十分重要。住在腸道內的好菌能促進幸福荷爾蒙血清素分泌，並參與合成能有效減少不安的維生素B群。

那麼，我們該怎麼樣「整頓腸道環境」？這個章節，會介紹幾個具體的方法。

首先要介紹的是食用「益生菌」（probiotics）。

「益生菌」源自於「共生」（probiosis）一詞。食用發酵食品，可以直接將好菌送入

腸道，讓我們與好菌共生。

我們的腸道住著上百兆個腸內細菌，總重約為1～1.5公斤。也就是說，我們的體重有1～1.5公斤其實不是「我們自己」的重量，而是「腸內細菌」的重量。很驚人吧？

健康成年人的腸內細菌中，好菌占了20％，壞菌占了10％，其餘的70％則是所謂的中性菌。

中性菌在腸道中的好菌占優勢時，會協助好菌作用；壞菌占優勢時，則會協助壞菌作用。**因此，只要確保腸道中的好菌處於優勢，中性菌也會成為我們的夥伴，維持良好的腸道環境**。

人之所以容易感到不安，可能是腸道內好菌數量減少所致。

因此，我建議積極攝取發酵食品。

【增加腸內好菌的發酵食品】

・納豆、味噌、米糠醬菜、辛奇（韓國泡菜）、優格、起司、鹽麴、醬油麴、甘酒

不過關於乳製品需要特別注意。喝牛奶容易拉肚子的人，可能有「乳糖不耐症」，身體無法分解牛奶的甜味成分。大約有3成的黃種人都有乳糖不耐症的體質。

此外，牛奶和乳製品含有慢性過敏原，使得憂鬱、慢性疲勞、肩頸僵硬和頭暈等症狀可能需要經過數天才會顯現，因此很難察覺這些是過敏的症狀。

搞不好，害你不安的問題其實出在乳製品上。

我個人認為「誕生於日本的發酵食品比較適合日本人的腸道環境」。嬰兒的腸內細菌會在出生時從母親身上繼承；換句話說，我們的腸道環境會受到居住環境和祖先飲食的影響。因此，**日本人的腸道可能比較容易接受日本傳統的發酵食品**。如果吃優格或起司感覺沒什麼效果，不妨試試看日本傳統的發酵食品。

日本「發酵生活推進協會」代表理事，是友麻希女士在日本各地研發了許多當地食材發酵製成的料理，並且不添加糖和化學調味料。她利用「鹽麴」、「醬油麴」、「純麴甘酒」充當調味料，大力推廣將發酵食品納入日常飲食的方法。

現在開始發酵食品生活！

健康的大腦
來自健康的腸道！
發酵食品充滿了
腸道的好菌！
而且好吃，
可以吃很多呢！
辛奇
鹽辛
味噌
肚子好痛～
也要小心
別吃太多囉！

※鹽辛：直接用鹽醃漬生海鮮，利用海鮮本身酵素與微生物發酵製成的日本傳統食品。

⑩ 食用益生元（膳食纖維）

很多人即使開始攝取益生菌（吃發酵食品），可能也感覺不出什麼效果。其實只是吃了發酵食品，讓好菌住進腸道，好菌也不會自行增加。好菌和我們一樣是「生物」。既然是生物，就需要吃東西才能活下去。

那麼你知道好菌需要吃「什麼」嗎？

很多人可能不知道，**腸內細菌的食物正是大家熟悉的「膳食纖維」**。

食用「益生元」（prebiotics）的意思，就是攝取膳食纖維。而pre這個字根有「先……」的意思。換句話說，想要培育腸內細菌，需要「先」餵益生菌吃「膳食纖維」。

膳食纖維大致分成兩種：「水溶性膳食纖維」（soluble fiber）和「非水溶性膳食纖維」（insoluble fiber）。

其中能當作益生菌飼料的是水溶性膳食纖維。

【水溶性膳食纖維】

含量豐富的食物：海帶、裙帶菜、秋葵、蒟蒻、芋頭、大麥、水果

主要特徵：可以當作益生菌的飼料，促進好菌增生。

【非水溶性膳食纖維】

含量豐富的食物：蔬菜、穀類、豆類、菇類

主要特徵：促進腸道蠕動，排出有害物質。

同樣是「膳食纖維」，其實不同的種類也有不同的特徵。而我們必須攝取水溶性膳食纖維，才能為好菌提供食物。

好菌吃了水溶性膳食纖維（益生元），便會形成短鏈脂肪酸（short-chain fatty acids，SCFAs）。這些短鏈脂肪酸會透過血管對大腦產生作用，促進大腦分泌血清素。

二〇一五年，英國牛津大學進行的一項實驗顯示，服用益生元營養品3週的受試者，精神面上出現了顯著的變化。

包含「關注負面資訊的次數下降」，還有「壓力荷爾蒙皮質醇（cortisol）的分泌量大幅減少」。

近年來，類似的研究相當盛行，「腦腸軸線」已經成為醫學界的常識。

整頓腸道環境，不但能改善心理狀態，還具有許多對健康有益的效果。

以下隨便舉幾個例子：

- **清除腸內有害物質**
- **改善便祕和腹瀉**
- **降低罹患大腸癌的風險**
- **增強免疫力**
- **抑制血糖上升，預防糖尿病**
- **減肥和美膚效果**

這還只是一小部分而已。

近年來，大眾已經普遍認知到腸道環境的重要性，「腸活」一詞也在日本普及。許多人開始積極攝取發酵食品和蔬菜。

儘管如此，日本人的膳食纖維攝取量卻是逐年下降，1天僅攝取約14公克。然而膳食纖維的每日建議攝取量為女性18公克，男性21公克，等於還缺少了4～7公克。

明明已經積極食用蔬菜了，怎麼還會缺乏膳食纖維？因為水溶性膳食纖維和穀物的攝取量減少了。

這一點可能很令人意外，但日本人攝取最多膳食纖維的來源是「米飯」。一般人總認為米飯是單純的醣類，但其實也富含膳食纖維。

因此，**若因為節食而攝取過少醣類，也會減少膳食纖維的攝取量**。

容易感到不安或經常便祕的人，很有可能是因為膳食纖維攝取不足。

※腸活：改善腸道狀況的活動

鼓勵各位抱著餵養腸內細菌的心態，多多攝取益生元。
也許你的不安就會奇蹟般地消失無蹤。

整頓腸道的最佳拍檔

我明明有吃發酵食品
還是很鬱悶…
妳有攝取足夠的
膳食纖維嗎？
水溶性
膳食纖維
是腸內好菌的
飼料，
可以幫助
好菌增生！
大口
大口
是喔～
非水溶性
膳食纖維
則可以
幫我們
清理腸道！
這樣喔～
所以，整頓腸道需要
多攝取發酵食品
與膳食纖維。
了解！

⑪ 食用抗性澱粉（難消化的澱粉）

有人可能會覺得：「我知道攝取膳食纖維有助於化解不安，但真的很難每一餐都吃到富含膳食纖維的食物……」

如果你是個懶人（我也是），我建議食用抗性澱粉（resistant starch，RS）。抗性澱粉就是會抵抗消化（不好消化）的澱粉，又稱「第三類膳食纖維」。

抗性澱粉真的很厲害。

抗性澱粉進入腸道後，可以同時發揮水溶性膳食纖維和非水溶性膳食纖維的功用。換句話說，既能充當好菌的飼料，又能促進腸道蠕動，排除有害物質。

抗性澱粉之所以具備這些功能，就是因為它「不好消化」。

一般的澱粉最晚在進入小腸時就會被消化吸收，因此無法抵達大腸，餵養好菌，也無法刺激腸道排除有害物質。

抗性澱粉則不會被小腸吸收，能一路抵達大腸，甚至接近肛門的直腸，為體內的好菌提供養分。

「不好消化」聽起來似乎是件壞事，卻能帶給腸內細菌難能可貴的大把飼料。對腸內細菌來說，抗性澱粉可謂分量滿點的一頓大餐。

撇除人工加工的食品，抗性澱粉共分成3種類型：

【抗性澱粉（RS）的種類】

・RS1

食品：糙米、全麥麵包

特性：澱粉被糠或表皮包覆，因此物理上難以消化，可以抵達大腸。

・RS2

食品：生馬鈴薯、綠香蕉

特性：澱粉本身性質上難以消化，因此能抵達大腸。

・RS3

食品：冷掉的米飯、冷掉的義大利麵、冷掉的烏龍麵

特性：加熱過後冷卻的澱粉會轉變為抗性澱粉。

不吃糙米的人，如果想要攝取抗性澱粉，RS3會是比較實際的選擇；畢竟做法

非常簡單。澱粉經加熱後冷卻，就會轉變成不容易消化的分子結構。

具體的方法如下：

- **米飯：煮熟後，常溫冷卻或冷藏1小時**
- **義大利麵：煮至有嚼勁的狀態，做成冷麵**
- **烏龍麵或蕎麥麵：做成冷麵**
- **拉麵：做成沾麵或涼麵**
- **馬鈴薯：做成馬鈴薯沙拉**

只要將澱粉加熱後再冷卻，就能輕鬆攝取抗性澱粉。而且，抗性澱粉屬於「低GI食品」，餐後血糖上升速度較為緩慢。GI即餐後血糖上升狀況的指標（升糖指數，glycemic index），低GI食品具有預防及改善肥胖的功效，因此近年來相當受歡迎。

此外，大腸內製造的短鏈脂肪酸也會延遲轉換成能量，能延長飽足感。

食用抗性澱粉還能達到減肥效果，因為它的熱量僅有一般澱粉的一半。

碳水化合物長久以來都是人們眼中的壞蛋，但其實像米飯這類碳水化合物中含有豐富的膳食纖維，而且冷卻後還會形成抗性澱粉。

抗性澱粉是整頓腸道環境的王牌，請各位務必納為日常餐桌上的菜色之一。

碳水化合物這樣吃！

我不能輸給碳水化合物的誘惑！
別擔心！
1 Hour
米飯可以放置1小時冷卻。
麵類可以做成涼麵的形式。
只要形成抗性澱粉就不容易發胖！
我要開動啦！

⑫ 食用發芽糙米

無論是習慣吃糙米的人，還是準備開始吃糙米的人，我有個建議：讓糙米發芽後再吃。同樣是糙米，發芽前後的ＧＡＢＡ（gama-aminobutyric acid，γ-胺基丁酸）含量截然不同。一般而言，**發芽糙米的ＧＡＢＡ含量是未發芽的3～4倍**。

ＧＡＢＡ是幫助我們紓解壓力和放鬆身心的必要物質。研究已經證實，ＧＡＢＡ能增加腦源性神經營養因子（brain-derived neurotrophic factor，ＢＤＮＦ），從而減

輕憂鬱症狀，還能預防認知功能障礙。不過，必須長期食用糙米，才能享有這些效果。

此外，我用的炊飯器是CUCHEN的「撫子健康生活」，具備促進糙米發芽的功能，還能煮出香噴噴的發芽糙米飯。打算開始糙米生活的讀者，不妨考慮買一台。

如何準備發芽糙米

怎麼做才能讓糙米發芽？
將糙米淘洗乾淨放入保鮮盒。
裝水至水面高於糙米2～3公分的分量。
2～3cm
夏天常溫靜置24小時；冬天常溫靜置48小時。
中途用篩網盛起換水2～3次。
直到像左圖一樣發芽即完成！
接下來就可以直接煮飯了！

⑬ 攝取Omega-3脂肪酸

想從「腸道」著手消除不安的人，我也建議主動攝取一樣東西——「Omega-3脂肪酸」，也就是「油」。

很多人往往以為油對身體不好，但其實油也分成應該多攝取和應該少攝取的種類。

下一頁整理了常見食用油特徵，請檢查自己是否攝取過多應少吃的油。

【油的種類】

●飽和脂肪酸（主要是動物性油脂）

種類：奶油、豬油、椰子油

特徵：能量來源

現狀：多數日本人吃太多了！

●不飽和脂肪酸（主要是植物性油脂）

・Omega-9脂肪酸

種類：橄欖油、菜籽油、米油

特徵：能量來源

現狀：人體可以自行合成，不必刻意攝取。

・Omega-6脂肪酸

種類：沙拉油、芝麻油、玉米油
特徵：會造成細胞發炎
現狀：吃太多了！

・Omega-3脂肪酸
種類：海鮮類的油脂、荏胡麻油、亞麻仁油等
特徵：軟化細胞膜
現狀：極度缺乏！

由此可見，**即使現代人飲食習慣正常，還是會攝取過多「Omega-3」以外的油。就連世人認為對健康有益的橄欖油，其含有的Omega-9脂肪酸也是人體可以自行製造的成分，無需刻意食用**。

最重要的還是「Omega-3」。Omega-3即大家熟悉的「DHA」（二十二碳六烯酸）

和「EPA」（二十碳五烯酸）。至於成分含「次亞麻油酸」，可以幫助人體生成DHA和EPA的油（例如荏胡麻與亞麻仁籽榨製的油）也屬於Omega-3。

早期日本人的飲食習慣以魚為主，因此不必刻意為之也能攝取到足夠的Omega-3。不過隨著飲食習慣西化，一九八八年左右開始，日本人的魚類食用量開始下降，二〇〇九年肉類的食用量後來居上，Omega-3的攝取量嚴重不足。而這也成了日本人身心不適的一大原因。

為什麼Omega-3不足會侵蝕我們的健康？容我來簡單說明一件鮮為人知的事實。

人體是由大約37兆個細胞所構成，而包覆這些細胞的膜，其實成分幾乎都是「油」。皮膚、內臟、肌肉、骨骼、血液，乃至於大腦的細胞，都包在油脂裡面。

此外，若不計水分，大腦有65%的成分是油；突觸細胞膜的材質也是油。

Omega-3具有「軟化」細胞膜的功用。

假如人體缺乏Omega-3，全身的細胞膜就會變「硬」。

包覆突觸的膜變硬了會發生什麼事情？

神經元之間會無法順利傳遞訊息，無法將血清素等攸關心理健康的神經傳遞物質輸送至大腦。

基於這項事實，日本人過去30年來魚類食用量減少的情況，或許與憂鬱症或雙極性情感疾患（躁鬱症）患者增加10倍以上的現象不無關係。

調查距今20多年前的資料，也可以發現紐西蘭、法國、美國等飲食上以肉食為主的國家，罹患憂鬱症的機率很高；而當時食用魚類居多的日本、臺灣等國家則較少這方面的患者，顯示出攝取Omega-3對心理健康的重要性。

總而言之，**「多吃Omega-3，否則事情就大條了」**！

沒什麼機會吃到魚的人，也請盡量找機會吃魚，即使1天只有1餐也好。**尤其像鯖魚、沙丁魚等背部呈現青色的魚種富含Omega-3。即使是罐頭也沒關係，因為水煮魚罐頭同樣含有豐富的Omega-3**。

不敢吃魚的人，也可以食用荏胡麻油或亞麻仁油。這些油用於加熱烹調會氧化，所以建議直接淋在沙拉或其他食物上吃。我推薦搭配納豆；荏胡麻油和亞麻仁油與納豆、糠漬醬菜、辛奇等發酵食品都很對味。滴一點在味噌湯等湯品裡，味道也很棒。

最近很多超市也出現了「草飼牛」（grass-fed beef）的肉品。一般以穀物飼養的肉牛，Omega-3和Omega-6的含量比約為1比10，幾乎攝取不到Omega-3。

然而，以傳統牧草餵養的草飼牛，兩者的比例大約為1比1，攝取Omega-3的效率很高。

最近也有愈來愈多專門提供草飼牛肉品的餐廳，例如「肉塊UNO」。草飼牛吃多了也不容易胖，還能攝取到Omega-3，我自己也很常吃。

Omega-3的作用可不僅限於大腦。

一旦全身的細胞膜變得更加柔軟，腸道機能便會活化，血液循環更順暢，皮膚細胞也會更有彈性，對於健康、美容益處多多。

鼓勵大家軟化自己的細胞膜，打造身心舒適的生活吧。

魚吃太少可能造成不安

⑭ 餐間點心選擇堅果

很多時候，感到不安或煩躁可能是因為你處於「低血糖」的狀態。任何人肚子餓的時候都可能心情不好，對小事過度敏感，而這全是血糖下降害的。

大腦的能量來源是葡萄糖，而人體有20％的能量都耗費在大腦的活動上，因此血糖太低時，大腦的表現會迅速下滑，使某些人感到不安。

不過**感到不安或煩躁時，我並不建議吃蛋糕或甜食等醣類**。含糖零食會讓血糖迅速飆升，這雖然能讓人暫時感到滿足，但也會促進胰島素分泌，將糖轉換為脂肪。這下子血糖值又會迅速下降，讓人再度陷入低血糖狀態，繼續感到不安與煩躁。

倘若血糖總是大起大落，人體製造胰島素的功能也會下降，而這正是糖尿病的病因之一。因此，我不建議各位碰上討厭的事情時吃甜食逃避。當然，偶爾吃一次甜點犒賞自己或釋放壓力沒什麼問題，但可別養成每天都這麼做的習慣。

如果餐間真的想吃些點心，該吃什麼才好？我推薦「綜合堅果」。**科學已經證實堅果是「對身體有益的食物」**。研究顯示，習慣吃堅果的人，30年內的所有死因死亡率少了20%，罹患心臟病與糖尿病的風險也較低。

此外，還有研究報告指出，「每週吃2次以上堅果的人，與沒有吃堅果的人相比，體重增加的機率少了31%」。

堅果是古代人主要的食物來源，特色是低醣且富含膳食纖維，因此吸收較慢，血糖不容易升高。而且能緩緩補充能量，維持飽足感，堪稱最理想的餐間點心。

購買堅果時，應選擇鹽分較低的「原味烘烤綜合堅果」。

杏仁富含膳食纖維、鐵質，以及具抗氧化作用的維生素E。

核桃、開心果、腰果、夏威夷豆含有前面提到的「Omega-3脂肪酸」，還有能緩解不安的維生素B_2，以及鋅、鉀、鎂等現代人普遍缺乏的礦物質。研究也指出，憂鬱症可能與缺乏鋅和鐵等礦物質有關。

不過，食用堅果可能引發慢性過敏（過敏症狀出現得比較慢），如果感覺不適，請盡量避免食用堅果。另外，便宜的進口堅果可能有發霉的情況，因此建議挑選高品質的國產堅果；上網訂購也是一個途徑。

少量的綜合堅果就能令人感到滿足，而且不容易餓，還能補充「膳食纖維」和「Omega-3」，簡直是減輕不安的「腸道好夥伴」。

肚子餓了可以吃堅果！

⑮ 食用含維生素B、C的食品

「序章」提到，維生素B群具有減輕不安的效果。維生素B群會參與大腦神經傳導物質的合成，一旦缺乏，血清素等物質的分泌量便會減少。因此，增加腸道細菌數量的同時，也要積極攝取含有維生素B群的食材。

【富含維生素B群的食材】

- 維生素B_1：豬腰內肉、鰻魚、糙米、堅果
- 維生素B_2：豬肝、鰻魚、納豆、雞蛋
- 維生素B_3（菸鹼酸）：鰹魚、豬肝、堅果
- 維生素B_6：鮪魚（赤身部分）、牛肝、秋刀魚、大蒜、香蕉
- 維生素B_{12}：牛肝、蛤蜊
- 葉酸：雞肝、毛豆、烤海苔

尤其「維生素B_6」與血清素、多巴胺、腎上腺素、正腎上腺素、GABA、乙醯膽鹼（acetylcholine）等主要腦內神經傳導物質的生成有關。而維生素B_{12}、葉酸（folic acid）和菸鹼酸（nicotinic acid）也是維持大腦神經網路正常運作的必要營養成分。

然後，維生素C也很重要。維生素C參與部分大腦神經傳導物質的合成，並在感

受到壓力時發揮作用。當人感受到壓力時，會釋放對抗壓力的激素來應對，而這個過程就需要用到維生素C。此外，鋅、鐵、鎂等必要礦物質亦有化解不安的效果。

【富含維生素C的食物】

・奇異果、油菜花、紅甜椒、青花菜

【富含鋅的食物】

・牡蠣、肉類、海鮮、穀類、豆類

【富含鐵的食物】

・蛤蜊、豬肝、羊棲菜、菠菜

【富含鎂的食物】

・菠菜、鯖魚、堅果、芝麻、裙帶菜

你是不是在想：等一下！意思是我要均衡攝取各種食材嗎？（笑）理想上確實如此。然而，我猜大家平常生活這麼忙碌，要保持營養均衡的飲食肯定相當困難。但希望各位忙碌的讀者**至少要提醒自己多攝取維生素B群**，否則身體很容易缺乏。

根據日本厚生勞動省的「國民健康暨營養調查」，20歲至29歲的日本人，總計18種維生素和礦物質中有16種攝取不足。雖然「盡可能透過飲食攝取營養」是最理想的狀況，但實現上有困難的人，也可以考慮吃營養品。

現在市面上有許多營養品，例如含25種維生素和礦物質的「綜合維生素」，也有補充「DHA、EPA」、「鎂」的產品。

此外，因工作繁重而疲勞的人，不妨考慮到醫院注射維生素，相信你會感受到其驚人的力量。相比營養品，每2個月到診所注射1次，效果可能更好一點。

總而言之，不安成因複雜，常與飲食有關，建議趁此機會檢視自己的飲食習慣。

化解不安的最強菜單!?

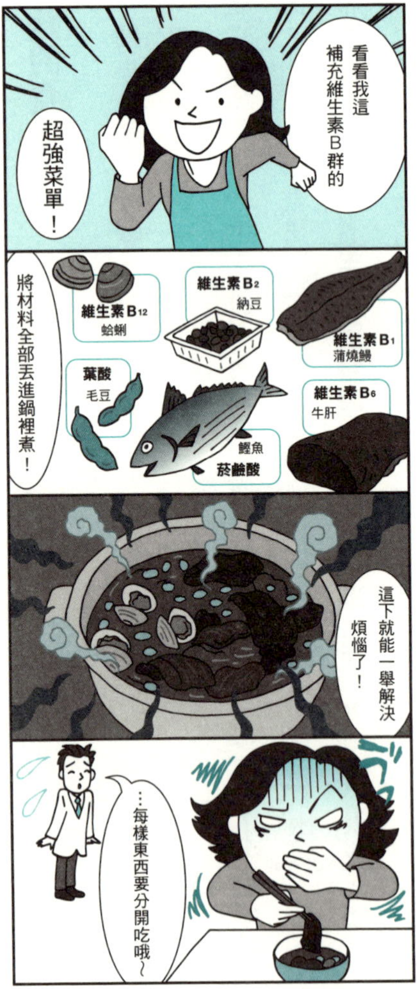
看看我這補充維生素B群的
超強菜單！
維生素B_{12}
蛤蜊
維生素B_2
納豆
維生素B_1
蒲燒鰻
葉酸
毛豆
維生素B_6
牛肝
鰹魚
菸鹼酸
將材料全部丟進鍋裡煮！
這下就能一舉解決煩惱了！
…每樣東西要分開吃哦~

⑯ 大骨湯可以大幅改善腸道環境！

這裡推薦各位一道有助於整頓腸道環境的料理。

大家聽說過近年席捲紐約名流圈的超級食物「大骨湯」嗎？

顧名思義，大骨湯就是「用骨頭煮的湯」，通常是用牛骨或豬骨熬製。大骨湯含有膠原蛋白、胺基酸、胺基葡萄糖、玻尿酸、軟骨素（chondrioitin）、礦物質、維生素，

是一種超級食物，可以攝取大量維持健康和美容必需的營養素。

骨頭滲出的麩醯胺酸（glutamine）有修復與保護腸壁的作用，可以改善腸道環境。

此外，大骨湯含有大量膠原蛋白和玻尿酸，這些都是愛美人士熟悉的美容成分，能夠促進身體的新陳代謝，發揮抗衰老的效果。

煮大骨湯時不會添加多餘的添加物與調味料，**而是將食材原本的美味溶進湯裡，喝了令人心頭暖呼呼**。而且膠質滿滿的湯可以增加飽足感，避免飲食過量。

大骨湯之所以在紐約爆紅，是因為「在家也能輕鬆製作」。而且，煮好的湯還能充當調味料，用來製作多蜜醬、燉菜、咖哩、燉飯、滷菜等各式美味菜餚時，都能有效增添風味層次。

而且將湯倒入製冰盒冷凍保存，還可以隨時當成高湯塊使用。

事不宜遲，我這就簡單介紹一下大骨湯的食譜！

【大骨湯的做法（2～3人份）】

●食材

牛骨（或豬骨）3根、硬水1公升、洋蔥1顆、芹菜1枝、大蒜1瓣、生薑1片、醋1大匙（可以自由添加紅蘿蔔、甜椒、蘋果等食材）

●做法

1、大骨稍微燙過，去除血水與髒污等雜質。

2、大骨清洗乾淨後用錘子敲碎。

3、將蔬菜和增添風味的食材切成大塊，所有材料放入鍋中，加入硬水大火煮沸。

4、沸騰後轉小火，撇去浮沫和油脂。

5、熬煮4小時。

6、將所有材料取出，用濾網過濾湯汁（濾出來的蔬菜還可以裝進玻璃瓶，倒入醋醃漬，做成好吃的醃菜）。

7、熱湯冷卻後，撈除表面浮出的油脂即完成！

若使用牛骨，熬煮之前先用烤箱（約200℃）烤15分鐘，可以做出更香醇的湯頭。湯裡面加入2、3顆番茄，即可做出充滿鮮味的番茄醬；多放一些生薑，最後再加一些麻油提味，還可以做成和風湯品。

大骨湯的應用方式無可限量！

趁週末熬好大骨湯，也能節省每天下廚時要做的事情。

順帶一提，我會在野豬大骨湯裡面放雞肉。野豬肉的熱量與脂肪量和豬肉幾乎相同，不過維生素B_{12}的含量是豬肉的3倍，鐵含量則是4倍。

此外，它更富含膠原蛋白，是抗衰老的理想食材。搭配雞肉的優質蛋白質，將成為最強的健康食品。

平常有在下廚的讀者，不妨試試這道整腸效果強大無比的「大骨湯」。

腸胃狀況好得不得了！

自從我開始喝大骨湯後，
腸胃的狀況一直都很好。
週末熬好後冷凍保存，
整個禮拜都能喝！
而且大骨湯
做起來也很開心！
可以發洩壓力～
磅！
磅！

⑰ 洗澡時盡量提高深層體溫

如果心懷不安，晚上很容易睡不好。可能難以入睡、夜間醒來好幾次，或是早上起床後仍然覺得很疲倦。

憂鬱症患者幾乎都有「淺眠」、「難入睡」等睡眠障礙。某項為期1年的調查指出，慢性失眠狀況超過1年的人，與睡眠良好的人相比，罹患憂鬱症的機率相差了40倍。

「睡眠品質差」↓「自律神經失調」↓「不安日益加劇」的惡性循環，很有可能使

人患上憂鬱症。

自律神經是沿著血管遍布全身的神經，負責管理內臟活動、血液循環、呼吸和免疫系統，且不依賴大腦發出的指令，是一項獨立運作的「維生機能」。我們不必想著「讓血液流動」，血液自然會流動；不必想著「消化食物」，身體自然會消化食物，這些都是自律神經的功勞。

「交感神經」（主導活動）和「副交感神經」（主導放鬆）取得平衡，自律神經才能正常運作。

腸道是很容易受自律神經影響的器官。一旦我們產生不安或煩躁等負面情緒，自律神經就會失調，導致其支配的腸道功能下降。這也是為什麼擁有精神相關問題的人，也常具有便祕或腹瀉等腸胃方面的症狀。

換句話說，調節好自律神經平衡，可以改善腸道環境，進而打造不易焦慮的體質。

說了這麼多，其實調節自律神經的關鍵在於「優質的睡眠」。以下整理了一些提升「睡眠品質」的方法。

【提升睡眠品質的方法】

1、睡前2小時不要吃東西

如果睡前2小時內進食，就會在高血糖的狀態下入睡。高血糖狀態會抑制身體在睡眠時分泌生長激素；而缺乏生長激素，細胞就無法修復，導致疲勞殘留。想要提高睡眠品質，早一點吃飯是很重要的事情。

2、睡前90分鐘之前洗完澡

我們必須提升「副交感神經」的作用，讓身體進入放鬆模式，晚上才能一覺好眠。請務必每天泡澡，並且在睡前90分鐘之前洗完澡。想要進入深層睡眠，最重要的是「讓身體的深層體溫下降」。人在入睡時之所以感覺手腳暖和，是因為深層體溫下降，更多血液流向手腳的血管，並釋放熱量所致。因此，若事先透過泡澡提高深層體溫，90分鐘後深層體溫便會下降，有助於順利入睡。建議水溫設定為攝氏40度，泡澡約15分鐘。

3、避免接觸藍光

智慧型手機、電腦、螢光燈等裝置發出的光屬於「藍光」。藍光的波長類似於藍天的波長，也就是白天光線的波長。因此，接觸藍光會促進主導日間活動的「交感神經」作用，妨礙我們入睡。洗完澡後應避免接觸藍光，最理想的情況是睡前只開暖色系燈光。暖色系燈光能促進引發睡意的大腦神經傳遞物質「褪黑激素」（melatonin）分泌，使身體進入休息模式。

4、「4件好事法」或「妄想正面事物」

睡前可嘗試第一章提到的方法，例如「4件好事法」或「妄想正面事物」，抱著正面的心情結束一天。安穩的睡眠，也有助於將大腦的神經網路轉變為正向神經迴路。

以上就是提升睡眠品質的訣竅。
為了調節自律神經，維持精神狀態穩定，請將這些方法融入各位的日常生活。

抱著正面的心情結束一天

為了一覺好眠，
睡前90分鐘之前就要洗好澡。
哈～舒服～
洗完澡後
不要接觸藍光。
睡前妄想一些正面的事情。
我可以
好厲害
成功
不知不覺就睡著了⋯⋯

⑱ 養成晨間散步的習慣

坊間有許多緩解不安和壓力的方法，其中最簡單且效果立竿見影的方式，莫過於晨間散步。

或許絕大多數人會覺得自己早上都趕著要出門，哪來的閒工夫散步，但其實只要散步15～30分鐘，改善心理不適的效果就很驚人了。

為什麼晨間散步的效果這麼好？以下幫各位整理一些科學上的根據。

【效率十足的晨間散步方式】

・起床後1小時內，散步15～30分鐘。

【晨間散步的3個驚人功效】

1、刺激血清素分泌

「曬太陽」和「節奏固定的動作」都會刺激人體分泌幸福荷爾蒙「血清素」。因此，晨間散步（按固定節奏步行）能有效增加血清素。健康的人通常散步15分鐘就能刺激血清素分泌；容易不安的人可能相關神經的功能較弱，建議步行30分鐘左右。

2、促進夜間分泌褪黑激素

人體有一種稱為「晝夜節律」的生理時鐘，一個週期平均為24小時10分鐘，如果不定期校準，入睡時間就會逐日推遲10分鐘。**假如每天起床後1小時內曬曬太陽，自律神經就會從「副交感神經」占優勢的狀態切換為「交感神經」占優勢的狀態，生理時鐘也會重新啟動**。

生理時鐘重新啟動後約15～16小時，促進睡眠的「褪黑激素」便會開始分泌，使人產生睏意。假如每天早上6點散步，那麼生理時鐘重新啟動後，就會在晚上9點～10點間想睡覺。

另外，褪黑激素的原料是血清素。換句話說，**藉由晨間散步增加血清素，也能促進夜間分泌更多褪黑激素**。

因此，晨間散步能有效提升睡眠品質。

3、調節自律神經

晨間散步可以幫助我們白天時分泌更多血清素，帶來神清氣爽的感受；夜間分泌更多褪黑激素，提升睡眠品質。這麼一來生活自然會形成一定的節奏，**自律神經得以維持平衡，血液循環、內臟功能、呼吸、免疫功能也會正常運作，自然化解內心的不安，讓身心都處於能夠拿出最佳表現的狀態**。

晨間散步只有一堆好處，沒有任何壞處。

雖然我希望各位從明天起就開始實踐，不過平常早上精神狀況真的很差，沒辦法散步的讀者，不妨先從每個週末散步1天開始嘗試。

即使每週只在週末校準1次平時失調的晝夜節律，仍能逐漸改善心理狀態。

散步時聽一些音樂，也有助於維持良好的運動節奏。

當你逐漸習慣早起，下一步我建議挑日出前後的時間出門散步。

為什麼挑這個時候？是因為據說日出前的空氣特別新鮮。

有一本書叫《癌症完全緩解的九種力量》，書中提到小鳥會在日出前約42分鐘開始鳴叫。

推測其背後的原因是「日出前42分鐘，植物會感知到陽光並開始光合作用」。

換句話說，**日出前後的時段，能吸到一天之中最新鮮的氧氣**。

雖然科學尚未證實，但這可能就是為什麼人吸了早上的空氣會覺得很舒服。

肺部充滿新鮮氧氣，心情也會煥然一新。

至於早餐，建議散完步後再吃。每天好好吃早餐，刺激腸道活動，可以校正「大腦」與「腸道」的晝夜節律，進而調節全身的自律神經。

這一章介紹了從「腸道」和「自律神經」著手消除不安的方法。如果讀者發現了適合融入自己生活的方法，請務必開始實踐。一旦開始行動，就能一步步緩解不安。

早起不會背叛你！

第3章

難過時的護身符！瞬間消除不安的方法

⑲ 守護心靈的蝴蝶擁抱法

前述的方法，旨在幫助讀者建立不易焦慮的體質，可說是不安的「治本療法」。感冒時，負責治病的是當事人的免疫力，也就是自然治癒的能力。感冒藥不過是一種減輕症狀的「治標療法」。要根治感冒，只能提升自己的免疫力。

面對「不安」也一樣。只要實踐本書前兩個章節提到的方法，就能提升對不安的「免疫力」，從根本解決你的煩惱。

不過，**就像身體免疫力強弱因人而異，每個人心理的免疫力狀況也不盡相同。容易感到不安的人，學一些應急用的「治標療法」或許會更加安心**。

所以接下來我會介紹一些「陷入不安的當下」可以用來緩解不安的「治標療法」。

即使一個人對不安的免疫力再高，遇到以下這些情況，仍難免會感到不安——

- 面臨一場絕對不能出差錯的報告。
- 覺得開會很恐怖，必須在一群上司面前發表意見。
- 和喜歡冷嘲熱諷的婆媽長時間相處令人鬱悶。
- 待會要與陌生人見面，因為不熟悉對方而感到不安。
- 社群媒體上有人說自己壞話，內心快要崩潰了。
- 向同事打招呼，但同事沒有回應。
- 考試時間快到了，緊張得快喘不過氣。

這都是人之常情，這種時候不妨試試看「蝴蝶擁抱法」。

【蝴蝶擁抱法的做法】

1、想像你想要消除的不安或擔憂，閉上眼睛。
2、右手放在左肩，左手放在右肩。
3、輪流輕拍左右肩膀。1秒拍1下，持續2分鐘。

由於雙手在胸前交叉的姿勢看起來很像蝴蝶，因此命名為「蝴蝶擁抱法」。

蝴蝶擁抱法是美國心理學會和世界衛生組織認證能有效治療創傷的方法，創始人為墨西哥籍的露西娜・厄提加斯（Lucina Artigas）博士。她於一九九八年墨西哥大地震發生後，將這套方法應用於受災者身上，成功撫慰受災者的心靈創傷。蝴蝶擁抱法在不安襲來時也能發揮應急效果（治標療法），因此在美國和歐洲相當普及。

各位親自嘗試過便會發現，雙手在胸前交叉的時候，會有一種被擁抱的安全感。加上有節奏地輕拍肩膀，感覺就像有人對自己說「沒事的，別擔心」。

如果不安緊緊揪住了你的心，不妨花短短的2分鐘試試看蝴蝶擁抱法。這會讓你感覺「沒什麼好怕的」，得以安心度過接下來的時間。

緊張時的心靈護身符

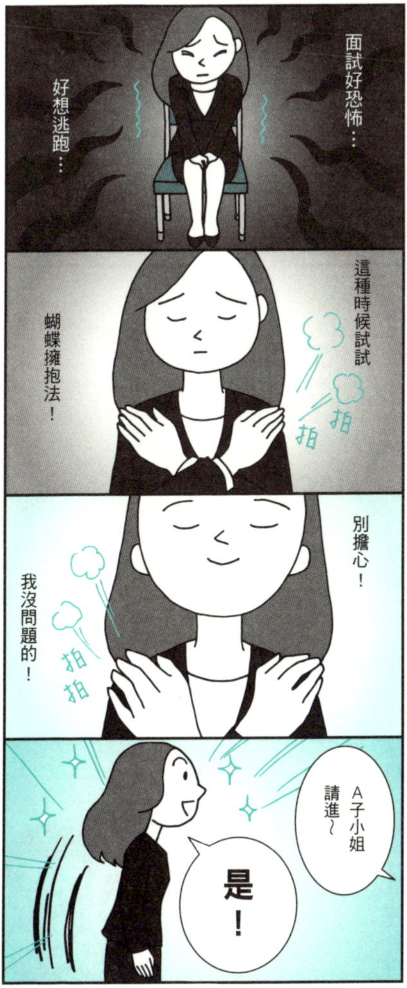
面試好恐怖…
好想逃跑…
這種時候試試
蝴蝶擁抱法！
拍
拍
別擔心！
我沒問題的！
拍
拍
A子小姐
請進～
是！

⑳ 自信源源不絕的「自我擴大法」

人會因為在意別人的目光，而無法說出真正的想法。各位是否也曾在開會時被人要求發言，你卻沒有自信表達自己的意見？或是想叫朋友別再做某件你不喜歡的事情，卻又顧及情面，最後隱瞞了自己的心聲，事後才懊悔「為什麼當下說不出自己真正的想法」？

如此溫柔而過度善解人意的你，可以試試看讓人更有勇氣做自己的「自我擴大法」。

「自我擴大法」能幫助你產生自信，減少因為不安而退縮的狀況；在面臨重大的考試或報告時特別能派上用場。

【自我擴大法的做法】

1、準備面對緊張或不安的情境之前，先站起來深呼吸。

2、閉上眼睛，想像自己的身體像超人力霸王一樣變大。

（若在室內，請想像自己的身體不斷變大，穿破天花板，眼前景象也隨之縮小。）

3、想像自己變得像高樓大廈一樣巨大。

（站在你腳邊的人——那些令你不安的人——變得像米粒一樣渺小。他們似乎在說話，但你變得太巨大了，什麼都聽不見。這時你會感覺自己無所不能。）

4、充分感受這份無所不能，然後慢慢睜開眼睛。

神奇的是，這樣就足以振奮自己，建立積極的心態。

感到不安時，我們的心靈往往會縮成一團。這時可以想像自己變得巨大無比，藉此釋放心靈，翱翔天際。

最後再模仿超人力霸王變身完後那樣吆喝一聲、全力一跳也不錯。

解放縮成一團的心靈！

21 吹散不安的「魔法口頭禪：反正」

日本人自古以來便有所謂「言靈」的概念，相信言語具有神奇的力量，如果說話時心有所思，就會造成相應的結果。

從科學的角度來看，這個論點也沒錯。當我們使用正面的言語，大腦的神經網路就會形成正向神經回路；而使用負面的言語，則會形成負向神經回路。

換句話說，我們平時不經意說出口的話語，其實決定了我們大腦突觸的狀態，塑造出我們的心靈與性格。因此，**只要日常生活中刻意使用「正面的言語」，就能培養出積極正向的性格**。

而最要不得的，莫過於自我否定的話語：「反正我事情就是做不好」、「反正我就是做不到」、「反正沒人愛我」、「反正一定會失敗」……欠缺自我肯定感且容易不安的人，無論做什麼事情，都很容易冒出這種自我否定的念頭。

「反正」是個很容易影響大腦的強力字眼，會讓大腦將後續內容視為既定事實。而我們可以反過來利用這種特性，提升「正面言語」的強度。當你不小心說出自我否定的話語，或感覺就要冒出這種念頭時，請試著像下面這樣轉換形式：

「反正一切都會很順利」、「反正我很棒」

「反正他一定愛我」「反正一定會成功」

各位讀了這些話，是不是莫名覺得一切都會順利、自己真的很棒、受到對方喜愛、一切都會成功？這就是「反正」的力量。

「反正」後面接續正面的言語時，會強制啟動大腦的正向神經回路，因此連想法都會正面起來。

我想送給你一句話：**「反正，你會幸福的。」**

完美無缺的正面思考

㉒ 認知脫鉤

心理學領域有許多人提出能瞬間消除負面念頭的方法。

近年心理治療上廣泛運用的方法，是內華達大學心理學教授史蒂芬・海斯（Steven C. Hayes）構思的「認知脫鉤」（cognitive defusion）。

人的認知經常出現混淆的狀況，也就是自己的「思考」與「現實」糾纏在一塊。

「認知脫鉤」這項技巧，能夠**有效將「負面念頭並不是現實」的想法植入大腦**。

【認知脫鉤的做法】

1、「自我質疑」法

當你冒出「我是個沒用的人」之類的負面情緒時，可以一直重複說「我好沒用」、「我好沒用」、「我好沒用」，最後再加上一句：「真的嗎？」

這麼做能拉開你與負面思考的距離，避免深陷負面情緒。

2、「沒用太郎」法

如果你覺得自己是個沒用的人，可以召喚出虛構角色「沒用太郎」，想像沒用太郎說著「我這個人好沒用」。

替話語的意象貼上標籤，就能劃清負面思考與自己的界線。

3、歌唱法

如果你覺得自己是個沒用的人，可以將這種想法唱成輕快的歌曲：「我～是個沒～用～的人～呀～♪」。

將負面想法唱成搞笑的歌，言語的意義就會變得模糊，幫助你迅速與負面思考拉開距離。

4、主播報導法

如果你覺得自己是個沒用的人，可以將自己想像成新聞主播來報導這件事。例如：

「為各位插播一則快報。剛剛我交給客戶的資料有問題，被上司臭罵了一頓。消息指出，同事與下屬也投來冷漠的眼光，心想『這個人又出包了』。據稱目前我心裡覺得『自己是個沒用的人』。以上，棚內報導。」

像這樣拉開距離，就能冷靜觀察煩惱的自己，跳脫負面思考。
認知脫鉤的重點，就是將「自己的事」當成「別人的事」。請各位務必試試看！

沮喪的時候就搞怪！

啊！
我又搞砸了！
我真的是笨手笨腳的
好沒用…
我～這～個人～♪
真～的是笨手笨腳～的啊～♪
沒用的女人哪～♪
只要唱成歌，就能讓自己遠離
噗哧…
刷刷
負面思考。

㉓ 鎮靜內心煩躁的數質數法

人如果說不出自己想說的話，或總是被他人的言行左右，就會逐漸累積壓力，有時候甚至會抓狂。

特別是那些容易感到不安的人，因為總是壓抑自己的心聲，所以一點點的刺激就可能「發飆」。

然而，一時情緒失控，只會換來後悔，陷入自我厭惡的惡性循環。所以，學會一些讓自己冷靜下來的方法，在你察覺心情煩躁或即將大發雷霆時，肯定能派上用場。

誕生於美國的**「憤怒管理」，就是一項基於腦科學理論鎮靜突發性憤怒情緒的學問**。

這裡介紹一項我基於憤怒管理概念自行改編的「數質數法」。

知名漫畫《JoJo的奇妙冒險》裡面的普奇神父也用過這一套方法。普奇神父這個角色個性十足，慌張的時候會透過數質數的方式來平復心情。

這個做法非常符合科學理論，我當初看漫畫時也深有同感。以下趕緊來介紹該如何實踐數質數法。

【數質數法的做法】

1、感到煩躁的當下，開始數質數（2、3、5、7、11、13、17、19、23……）。

2、持續數10秒，直到再也數不出下一個質數為止。

質數是約數僅有「1」和自己的正整數。換句話說，除法時只能被1和自己整除。憤怒管理上本來就有一個方法是「從1數到10」，只要數1、2、3……數上10秒，憤怒就能平息。

為什麼這樣有效？**因為煩躁時，腎上腺素會迅速分泌並流竄全身，作用時間大約是6秒。如果能挺過這6秒，怒火就會逐漸平息**。而人內心焦躁的時候，算數的速度會比較快，所以要數到10才有效果。

「數質數法」就是「從1數到10」的延伸手法。

首先，花10秒數質數可以得到與「從1數到10」同樣的效果。

其次，突然開始數質數，大腦自然會將注意力放在這件事情上。由於大腦無法同時專心處理兩件事情，因此數質數的過程能逐漸釋放憤怒。

數質數法不僅可以鎮靜怒火，當你感覺內心受傷，眼淚就要奪眶而出時，也可以搬出來用。如果你感覺自己擺脫不了「絕望」的感覺，請集中精神數一數質數。相信你數著數著，就會感覺心情莫名輕鬆了起來。

快發飆時趕緊數質數！

㉔ 五指點一點，清空腦內壓力

美國塔夫茨大學（Tufts University）的心理學家蘇珊・羅勃茲（Susan B. Roberts）發明了一項能迅速紓解不安的方法。

這個方法叫作「輕敲前額法」（tapping your forehead），可以打斷反覆出現的負面思維。

【輕敲前額法的做法】

1、張開五指，放在額頭上。

2、用五指輕輕敲打額頭（1秒1次，直到心情平靜下來）。

當不安與煩躁等情緒一再出現，可以運用輕敲前額法，加快轉換心情的速度。

這項方法的科學根據在於，**人的大腦並不擅長同時處理多項任務**。

比方說，當我們因為「孩子不聽話」而產生壓力時，大腦的工作記憶（具有暫時儲存資訊的功能）會忙著處理「為什麼孩子不聽話」、「要不要管得再嚴一點」、「我是不是不適合當父母」等問題。

此時透過「敲額頭」這項簡單的舉動，就能將大腦的注意力轉向手指的動作和額頭的感覺。**由於工作記憶傾向優先處理新的資訊，因此和孩子有關的煩惱會被擠出腦袋，讓人短暫遠離不安**。

輕敲前額法原本是為了減緩壓力性暴飲暴食而設計的方法。

紐約某家醫院曾針對55名肥胖男女進行輕敲前額法的實驗，發現此法能切斷反覆冒出的進食念頭，證實其抑制食欲的效果，若在減肥期間感到焦躁，也能派上用場。

快發飆時試試這招！

㉕ 史丹佛大學流心靈清理按鈕

人感到不安時，大腦深處一塊稱作邊緣系統（limbic system）的部分會產生活動。邊緣系統掌管著我們生存所需的本能行為。換句話說，不安也是人類為了生存而刻在基因裡的情感之一。

至於大腦的新皮質（neocortex）則主掌理性行為與高級認知功能。

前面提到，大腦的工作記憶會優先處理新的資訊，所以只要讓新皮質全力運作起來，就有可能將邊緣系統的不安趕出腦袋。

美國史丹佛大學心理學系的唐喬瑟夫・戈易（Don Joseph Goewey）提出了一項迅速將不安趕出邊緣系統的技巧：「心靈清理按鈕」（clear button）。這項技巧在面臨突如其來的不安時特別有效。

【心靈清理按鈕的做法】

1、伸出手掌，擺在身體前方，想像手上有顆「按鈕」。
2、想像這個按鈕連著大腦。
3、慢慢呼吸，將心思放在呼吸上，並按下按鈕（用想像的也行）。
4、心中默數「1」，想像按鈕亮起紅燈。
5、心中默數「2」，想像按鈕亮起藍燈（或黃燈）。

6、心中默數「3」，想像按鈕亮起綠燈。

7、感受信號傳遞至大腦，全身逐漸放鬆。

按鈕的顏色，顯示了你的精神狀態。

一開始按下按鈕時，你還處在不安的狀態，所以亮的是紅燈。請想像自己隨著燈號逐漸轉為藍色、綠色，漸漸將不安拋諸腦後（由於藍色和綠色的差異較不明顯，我自己會採用「紅」→「黃」→「綠」的變化模式）。

各位只要實際試過就會發現，這個方法會讓大腦十分忙碌。由於過程中需要同時處理「注意呼吸」、「數數」、「想像按鈕變色」，所以意識也能迅速集中於「心靈清理按鈕」。

奇妙的是，你會感覺自己暫時擺脫了原先禁錮自己的不安。

因為大腦的新皮質全力運轉，將不安的資訊趕出了邊緣系統。

試圖扼殺不安的情緒，並不能幫助你擺脫負面思維。轉移注意力才是有效的方法。

我相信「心理清理按鈕」一定能幫上各位的忙。

將不安趕出大腦

心靈清理按鈕的做法
想像按鈕連著大腦。
1
紅
數「1」時按鈕亮起紅燈。
2
黃
數「2」時按鈕亮起黃燈。
3
綠
數「3」時按鈕亮起綠燈。
這樣就能跟不安說再見~

第4章 消除不安的生活習慣

26 輕鬆培養運動習慣！利用零碎時間做運動

三島由紀夫在《小說家的休日時光》中提及太宰治時寫道：「太宰性格的缺陷，理論上至少有一半可以透過冷水擦澡、機械體操與規律的作息改善。」

三島由紀夫認為太宰治的「不安」與「憂鬱」，都是曬曬太陽、做做運動可以解決的問題。事實上，三島本人也相當熱中於鍛鍊肌肉，彷彿就是為了證明這一點。

雖然我們無法斷言像太宰治這麼細膩、敏感的小說家，只要做做運動就不會自殺。但事實上，科學也已經證實運動可以緩解不安和憂鬱。

舉例來說，美國伊利諾大學曾進行一項大規模調查，調閱過去15年發表的相關學說，檢視「運動與心理健康」的精密研究數據，深入探討日常運動是否影響心理狀態。結果發現**「每天快走20分鐘就能大幅緩解不安」**。

此外，有一項運用HUNT（全球規模最大的健康資料庫）的觀察研究，追蹤了3萬3908名男女長達11年，推論**「每週做1小時的輕度運動，心理狀況惡化的風險就能降低12%」**。另一項研究則發現，**「每週運動3次，持續6週，大腦中與減輕不安相關區域的神經突觸就會增加」**。

美國哈佛大學心理學家塔爾・班夏哈（Tal Ben-Shahar）博士更是斷言：**「不運動就好比服用致使憂鬱的藥物。」**

由此可見，三島由紀夫的見地從科學角度來看也是合理的。

為什麼運動有助於改善心理狀況？這同樣與大腦的神經傳遞物質有關。運動能促進身體分泌令人產生幸福感的物質，諸如血清素、內啡肽（endorphin）以及腦源性神經營養因子（BDNF），幫助我們遠離不安。

此外，運動時，肌肉還會分泌各種名為肌肉激素（myokine）的荷爾蒙。這些肌肉激素的功能包含確保多巴胺分泌、預防憂鬱症、阻擋壓力引發的神經毒素進入大腦，在改善心理狀況上能發揮相當顯著的效果。

至於運動的強度，快走的程度就行了。不必勉強自己慢跑或劇烈運動，重要的是「培養運動習慣」。

最好的方式，是培養第2章介紹的「晨間散步」習慣，並將散步換成快走。

根據英國巴斯大學（University of Bath）與伯明罕大學（University of

Birmingham）共同發表的論文，「清晨」時段運動的燃脂效果最好。研究團隊比較清晨運動的族群與吃過早餐才運動的族群，發現前者燃燒的體脂肪量是後者的2倍。因為一整個晚上都沒吃東西，體內的糖分早已枯竭，因此脂肪的燃燒效率會更高，提供身體需要的能量。如果先吃了早餐，補充了糖分，燃脂效果自然會降低。站在減肥的立場來說，晨間散步也是個有效的方法。

如果真的沒辦法一大早起來散步，不妨平常多提醒自己活動活動身體。

【將平常的行動變成運動的訣竅】

1、通勤與出門買東西時走快一點

出門時不要慢慢走，可以抱著運動的心態養成快走的習慣。搭乘電車通勤的人，可以提前一站下車；買東西的時候，可以走到離家裡更遠的超市。延長步行距離，就是一項良好的運動習慣了。

2、快步上下樓梯

通勤或外出購物時，習慣走樓梯而非搭電扶梯。快速上下樓的運動量也相當可觀。

3、每次移動時做10下深蹲

每完成一項工作，準備移動到下一個地方時，做10下深蹲。

4、將做家事當成運動

認真洗衣服、打掃、整理房間，就能累積十足的運動量。將做家事當成運動，可以減少不得不做家事的心理負擔，甚至做出樂趣。

將日常生活中的種種行動當成「運動」，就不會因為忙碌而中斷運動習慣。加拿大麥克馬斯特大學（McMaster University）的研究也指出，只要做做家事、活動身體，就能滿足每天20分鐘的運動量需求。

運動不但有益於心理健康，對生理健康也有莫大的幫助。資料顯示，每天運動30分鐘，死亡率就會降低30％左右。

鼓勵各位從今天開始養成做運動的習慣，促進自己的身心健康。當你準備離開目前的位置時，試著做個幾下深蹲吧。

將平常的行動變成運動！

通勤也是運動！
快步
前進
爬樓梯也是運動！
腳步
輕快
有機會就做幾下深蹲！
嘿咻
嘿咻
生活中充滿運動的機會！
我吸～
噠噠噠噠

27 做一做肌力訓練

過去，人們認為健走和慢跑等有氧運動有助於化解不安。

近年的研究發現，肌力訓練同樣具有改善心理健康的效果。

二〇一七年，一份關於「肌力訓練與不安、壓力之關係」的報告，統合分析了16筆研究數據。

研究報告指出，肌力訓練能大幅緩解健康族群的不安，也能有效改善焦慮症患者的症狀。

容易過度擔心日常大小事的廣泛性焦慮症（generalized anxiety disorder，GAD）患者，透過肌力訓練成功緩解症狀的比例高達60％，效果甚至超越了有氧運動。

此外，肌力訓練也有機會改善憂鬱症的症狀。研究證實，每週從事3～5次肌力訓練，每次45分鐘以上的受試者中，足有20・1％的人改善了心理狀況。

關於背後的原因，目前推測是**因為肌力訓練能促使某些物質的作用更加旺盛，例如男性荷爾蒙「睪固酮」（testosterone），還有能促進大腦神經網路增生的生長激素「BDNF（腦源性神經營養因子）」**。

順帶一提，生長激素也可以透過打點滴的方式補充。我任職的診所便有提供含豐富生長激素的「嬰兒細胞激素點滴」，能夠促進全身細胞活化。

肌力訓練還擁有許多令人開心的附加效果，諸如刺激細胞內的粒線體，提高基礎代謝，促進脂肪燃燒；改善血液循環，解決手腳冰冷與浮腫問題；穩定核心肌群，維持優美體態。

我推薦的肌力訓練方法是「HIIT（高強度間歇訓練）」。

以4項高強度肌力訓練動作為1組，採取「運動20秒，休息10秒」的方式循環，總共重複做2組。

常見的動作包含深蹲、登山者、伏地挺身、波比跳、高抬腿跑、仰臥起坐、後弓步蹲、開合跳。YouTube上有許多教學影片可以參考每個動作的具體做法。

在一定時間內進行高強度的肌力訓練，可以消耗肌肉中的糖分，從而打造容易長時間燃燒脂肪的肉體。

不過對平時沒有運動習慣的人來說，若一下子又健走又做肌力訓練，身體很有可能會吃不消。

所以我建議先養成健走的習慣。

已經習慣健走，覺得健走小事一樁的人，不妨挑戰一下肌力訓練。

4分鐘就能做完HIIT！

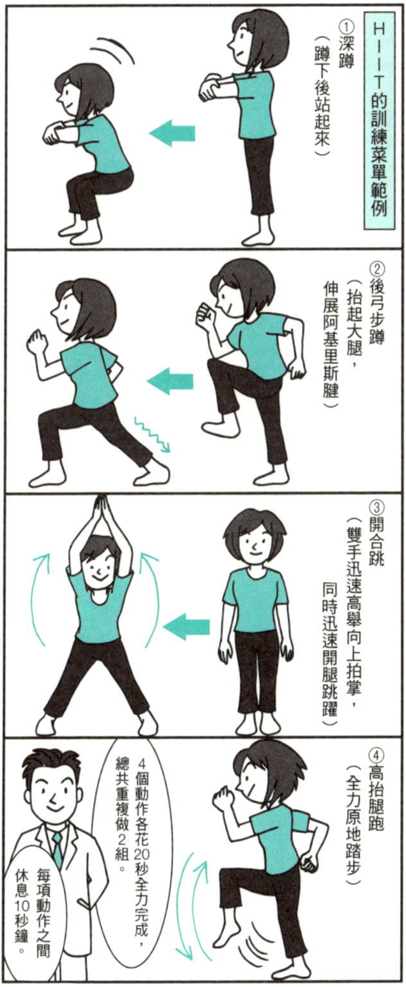

HIIT的訓練菜單範例
①深蹲
（蹲下後站起來）
②後弓步蹲
（抬起大腿，
伸展阿基里斯腱）
③開合跳
（雙手迅速高舉向上拍掌，
同時迅速開腿跳躍）
④高抬腿跑
（全力原地踏步）
4個動作各花20秒全力完成，
總共重複做2組。
每項動作之間
休息10秒鐘。

㉘ 氣球呼吸

呼吸也是自律神經的管轄範圍，這就是為什麼我們不刻意想著「我要呼吸」，睡覺時也可以自動呼吸。

呼吸時，肺本身並不會收縮，而是藉由肺部周圍肌肉的運動與橫膈膜（肺與胃之間的肌肉膜）的升降來完成呼吸。橫膈膜周圍聚集了許多自律神經，幫助我們無意識完成這項運動。

不過我們也可以自主改變呼吸的品質。又慢又深的呼吸，可以讓橫膈膜大幅度地上下活動，刺激自律神經，提升副交感神經的作用。副交感神經的作用提升後，身心就會進入放鬆模式。

也就是說，**又慢又深的呼吸可以調節自律神經，有效緩解不安**。我想有不少人感到不安時會讓自己深呼吸，其實這從醫學角度來說也很合理。

基於上述論點，我要介紹一項更能有效緩解不安的呼吸方式。

這個方式稱作「氣球呼吸」（balloon breathing）。

氣球呼吸也是史丹佛大學壓力管理課程會應用的一項技術。

【氣球呼吸的做法】

1、想像自己的丹田（肚臍下方）有一顆網球大小的氣球。

2、從鼻子吸氣4秒。

（想像氣球隨著吸氣逐漸膨脹，從內部出力撐開丹田。）

3、從嘴巴吐氣8秒。

（想像氣球隨著吐氣逐漸萎縮。盡可能將氣吐乾淨，吐到腹部完全凹下去。）

4、每天做5分鐘。

做氣球呼吸的時候，橫膈膜的動作幅度自然會加大，迅速提升副交感神經的作用。不擅長腹式呼吸的人，只要想像肚子裡有顆氣球，同樣能輕鬆做到這種呼吸方式。

「丹田」指的是肚臍下方的部位，禪宗僧侶打坐時會將意識集中在這裡。從解剖學的觀點來看，丹田對應的部位就是「腸道」。

「氣球呼吸」會使腹部收縮，具有按摩腸道的效果，所以也有助於改善腸道環境。

如果各位養成每天練習氣球呼吸的習慣，平時的呼吸也會逐漸變得又慢又深。人每天都會呼吸2萬次，所以呼吸的方式與我們的身心狀態息息相關。

題外話，各位有沒有看過風靡全球的漫畫《鬼滅之刃》？裡面的主角炭治郎一行人會使用一種名為「全集中呼吸」的呼吸方式，大幅提升專注力與身體機能。

雖然我們做不到「全集中呼吸」那麼立竿見影的效果，但從醫學角度來看，呼吸的品質確實會影響身心狀態。

舉例來說，呼吸加深可以改善血液循環，預防血管相關疾病與生活習慣病。血液循環變好還能改善皮膚問題、手腳冰冷和肩頸僵硬，並且增強免疫力，打造能抵禦病毒的強健體魄。

鼓勵各位多做氣球呼吸，吸入滿滿的氧氣，像《鬼滅之刃》的角色一樣，打造不會被不安與恐懼打敗的堅強身心！

氣球呼吸的做法

我內心不安的時候，
就會覺得呼吸不順暢。
妳可以試試看
氣球呼吸！
用鼻子
吸氣4秒
想像肚子裡面
有顆氣球。
隨著吸氣
逐漸膨脹。
想像肚子裡
的氣球
隨著吐氣
逐漸萎縮。
用嘴巴
吐氣8秒
我覺得舒服多了～
這代表妳已經
調節好自律神經了！

㉙ 接觸大自然

我曾在日本新潟某間醫院擔任認知障礙門診的醫師，替各式各樣的患者看診過，有的只是輕度健忘，也有的已經重度失智。那段期間，我發現不少平時有接觸大自然的患者（例如擁有種菜、園藝方面的興趣），症狀都得到了緩解。

相信各位讀者也曾在充滿綠意的公園散步，或從事登山、野外踏青等戶外活動時，感受到內心的平靜。

先說結論，**「人接觸大自然能穩定心理狀態」**是不爭的事實。

各位有沒有聽過「親生命性」(biophilia)?

這是美國哈佛大學生物學家愛德華・威爾森（Edward Osborne Wilson）於一九八○年代提出的概念，主張「人類的大腦渴望與大自然接觸」。

很多研究資料都支持親生命性的假說。英國德比大學（University of Derby）分析了871份關於自然與心理健康的調查資料，得出的結論是**「接觸大自然能促進副交感神經作用，減輕壓力」**。研究還指出，接觸大自然對於自律神經的作用，甚至優於運動與呼吸法。

此外，英國艾塞克斯大學（University of Essex）觀察了1252人，研究在自然環境下運動對心理的影響，結果發現**「每天在自然環境下運動5分鐘就能減輕壓力」**。而且運動強度還不必多高，健走就有十足的效果了。

不太喜歡運動的人（雖然我還是鼓勵大家多健走），從事園藝、弄弄花花草草也有不錯的效果。

而目前也有研究發現**「玩泥巴」的紓壓效果非常好**。某項研究指出，擁有憂鬱症狀的年輕人，只要在大自然中玩玩泥巴幾分鐘，就能減輕壓力與憂鬱症狀。

雖然科學尚未證實為何玩泥巴對心理健康有益。但我認為，可能是因為人類天生就會在接觸大自然的時候得到安全感。

人類生活上充斥著混凝土建築與電子設備，是相當晚近的事情，此前數百萬年都生活在大自然之中，所以大腦應該是進化成適應身邊充滿動植物的環境。

然而，現代社會的人遠離了大自然，過著大腦認為「不自然的生活」。而這也可能導致人類持續承受著慢性壓力。

德國馬克斯普朗克研究院（Max Planck Institute，MPI）的研究發現，**「住居半**

徑1公里內都是森林的人，大腦扁桃體的活動有更加穩定的傾向」。

扁桃體是掌管不安等負面情緒的部位，活動過於旺盛時，人就容易陷入負面情緒。另一項研究則指出，思覺失調症和焦慮症在都會區的發生率，比都市化程度較低的地區高出56％。

基於這樣的背景，在職場中增加植物的舉動已成為全球趨勢。像Google的企業理念是「打造全世界幸福度最高、生產力最高的工作環境」，辦公室內幾乎處處都能感受到綠意。聽日本砂石商LUNA SAND的總經理說，Google辦公室裡面甚至有一座抗菌沙坑。在如此充滿自然氣息的環境下工作，不僅副交感神經能取得優勢，使人放鬆，還能刺激大腦活動，提升創造力。而這或許就是Google能夠持續推出創新服務的原因之一。

但因為這樣就二話不說遁隱山林，或將植物塞滿辦公室，對大多數人來說也很不切實際（不過當然可以毅然決然搬到自然環境較豐富的地方，或先想辦法綠化辦公室與住家環境）。

重要的是積極接觸大自然，別因為不安就把自己關在房間裡。鼓勵各位偶爾走入沒有手機和電腦的大自然，滿足沉睡於內心深處的「親生命性」。

30 聞一聞咖啡的香氣

很多人習慣每天先來杯咖啡醒醒腦，再開始一天的行程。眾所周知，咖啡中的「咖啡因」具有提神的作用。咖啡因到達大腦後，會阻礙引起疲勞的腺苷（adenosine）作用，使大腦保持活力。

此外，咖啡還含有許多抗氧化物質，因此許多研究報告都指出咖啡有益於身心健

康。其中與大腦相關的效果包含：

- **降低罹患憂鬱症的風險20％**
- **降低罹患阿茲海默症的風險65％**
- **增加多巴胺**
- **提升集中力、注意力、短期記憶力**

至於身體方面，咖啡能降低罹患癌症、心臟病、糖尿病及白內障的風險。有研究指出，每天飲用3～4杯咖啡，死亡率可以降低24％。

如果你喝了咖啡會感覺更有精神，那麼保持這個習慣並沒有任何問題。

但要注意，若每天飲用大量咖啡，可能會對咖啡因產生耐受性，降低阻斷疲勞物質的效果。

假如你發現自己最近喝了咖啡也提不起精神，請先暫停攝取咖啡因1週。這麼一來，咖啡因就能再次發揮提神作用。

咖啡的每日建議攝取量為3～4杯。

然而，有些人因為基因的關係，代謝咖啡因的能力比較差，所以不能喝咖啡的人也不要勉強自己。

咖啡因代謝能力不好的人，喝了咖啡反而可能徒增疲勞或不安。

或許這種體質的讀者會很遺憾「咖啡對身體這麼好，自己卻沒辦法喝」。

不過別擔心，我這裡有個好消息。

其實近年研究發現，**咖啡豆的香氣具有「修復受損腦細胞」的功效**。

韓國首爾大學的研究團隊做了一項實驗，讓正常的小老鼠與睡眠不足的小老鼠聞咖啡豆的香氣。

結果發現，原本因為睡眠不足而減少的「保護大腦免除壓力的分子」，聞過咖啡的香氣後恢復了一些。

由此可見，除了咖啡因，咖啡豆的香氣也有緩解壓力的效果。即使沒辦法喝咖啡，還是可以到咖啡廳享受咖啡的香氣，或買包咖啡豆回家聞聞香氣，這樣也能好好享受到咖啡的紓壓效果。

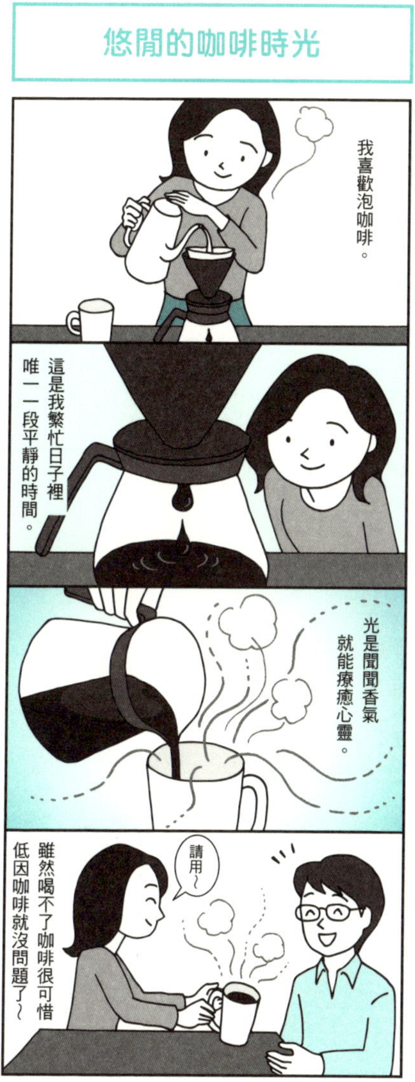

悠閒的咖啡時光
我喜歡泡咖啡。
這是我繁忙日子裡
唯一一段平靜的時間。
光是聞聞香氣
就能療癒心靈。
請用～
雖然喝不了咖啡很可惜
低因咖啡就沒問題了～

㉛ 抬頭挺胸

一九六三年，日本歌手坂本九的經典歌曲〈昂首向前行〉（上を向いて歩こう）紅遍歐美各國。時至今日，許多歐美人模仿日本人時仍會拿這首歌當題材。

那麼，日本人真的像這首歌唱的一樣，走路時總是「抬頭挺胸」嗎？事實上正好相反，許多日本人都是「低著頭走路」，而且據說這種姿勢從背影就看得出來。日本人低頭走路的比例，也遠遠超過其他亞洲國家。

雖然我無法斷定這是真是假，但從實際觀察街上的行人來看，確實有不少人走路時低著頭。

搞不好那麼多日本人自我肯定感低落、容易不安，也和姿勢不良脫不了關係。

以下介紹一項關於姿勢與心理狀態的研究。

美國哈佛大學社會心理學家艾美・柯蒂的研究團隊，將受試者依姿勢區分成抬頭挺胸組與彎腰駝背組，並調查兩組受試者的唾液成分。

結果發現，抬頭挺胸組的壓力荷爾蒙「皮質醇」分泌得更少，而能提升決斷力與幹勁的「睪固酮」則分泌得更多。

兩組人馬唯一的差別，就只有姿勢。

換句話說，光是抬頭挺胸，就能減少大腦的壓力。

下巴內收、丹田出力、屁股夾緊，就能維持良好的姿勢。
我知道端正姿勢有多累人，不過當不安或煩躁襲上心頭時，請提醒自己抬頭挺胸。
走路時不必將頭高高抬起，只要好好看向前方，人自然會樂觀起來。

走路時眼睛看前面！

㉜ 盯著手指看，喚回大腦的正常機能

不安可能會影響我們工作或做家事的效率。

這與流經大腦的血流量息息相關。

當我們從事某些活動或思考時，會有更多血流經過大腦中負責該言行或思考的部位。而大腦中沒有使用到的部位，血流量則會相對減少。

也就是說，**當我們感到不安時，能量會消耗在大腦中負責感覺不安的部位，導致其**

他行動時需要用到的機能衰退。

這就是為什麼內心不安時，工作表現會有所下滑。

想要發揮自己應有的實力，就要避免特定的事情（這裡是指感到不安）浪費大腦的血流。

有個好方法能避免浪費大腦的血流，那就是「放空」。

美國華盛頓大學醫學院的教授馬克斯・雷克爾（Marcus E. Raichle）與研究團隊，比較了人腦在活動時與放空時的運作情況。

結果發現，人在放空時，大腦中負責判斷價值和記憶的區域更加活躍。

推論是因為**放空能幫助大腦恢復機能**。

然而對容易不安的人來說，「放空」其實比想像中的困難。就算有心放空，不安仍舊揮之不去。如果你有這種狀況，推薦你試試看一個方法；搞不好你小時候也玩過這樣的遊戲。

【放空的方法】

1、伸出1根手指，擺在面前。凝視著手指，直到視線失焦，手指看起來變成2根。
2、靜靜地呼吸（持續2～3分鐘）。

這個方法類似正念（mindfulness），但不需要將心思放在呼吸上，也不需要努力清空思緒，只要盯著手指看就好。

只要專心凝視手指，大腦的其他部位就會進入「放空狀態」。人類不可能做到百分之百的放空（即「無」的精神狀態），一定會感覺到某些東西。不過「凝視特定的一點」，可以最大限度排除雜念。

盯著手指一段時間後，意識會進入不同於平時的狀態。

心理學稱這種狀態為「意識的改變狀態」（altered states of consciousness），類似於冥想時的放鬆狀態。**盯著1根手指，或許算是一種最簡易的冥想方法了**。

當你東忙西忙、心煩意亂時，可以豎起1根手指凝視一下，讓大腦休息片刻。

等到大腦恢復機能，你就能神清氣爽地面對工作或家務了。

放空的技巧

呆——
為避免浪費大腦的能量，
我要放空！
信用卡帳單要怎麼辦…
真的好討厭兼職的同事…
我得趕快準備晚餐…
電話費未免也太貴了吧？
卡費
同事
煩死啦
晚餐
手機
對了對了！
盯…
想要放空這個方法最有效！

㉝ 凝視蠟燭的火焰

前面提過，睡前90分鐘避免接觸藍光能提高睡眠品質。而睡前這段時間，我十分推薦嘗試「蠟燭療法」。

蠟燭療法很簡單，只需要點1支蠟燭，盯著燭火看就好了。

燭火搖曳的模樣稱為「閃爍雜訊」（flicker noise，又稱1／f雜訊），與小溪潺潺水聲、螢火蟲閃光、樹葉間斑駁陽光一樣，能調節心跳頻率，帶來放鬆效果。

我在新潟某間醫院工作時，經常在農地裡面升火，望著搖曳的火焰。我也喜歡到海邊玩無人機，同時聆聽海浪的聲音。這些時刻總讓我內心十分平靜，或許這正是「閃爍雜訊」的影響。

全世界針對「閃爍雜訊」的研究愈來愈多，也逐步查明了其放鬆效果的成因。

我們的身體是藉由傳遞神經物質來交換各種資訊，**而神經傳遞物質從一個神經元傳遞至另一個神經元的間隔，其實與「閃爍雜訊」的頻率相同**。由此可知，我們體內的生物節律基本上就與「閃爍雜訊」相符。

因此，**當我們的五感感知到外界的「閃爍雜訊」，生物節律就會產生共鳴，調節自律神經，達到放鬆效果**。

我們看著搖曳的火焰或聽潺潺流水聲時之所以會感到放鬆，其實是大自然的「閃爍雜訊」與我們體內的「閃爍雜訊」一致的結果。

此外，如果點的是香氛蠟燭，還能透過嗅覺增加放鬆的效果。薰衣草、佛手柑、甜橙都是有放鬆效果的常見香氣。

洗完澡後，不妨將房間調暗，望著燭火，好好放鬆一下心情。

我們的體內存在「閃爍雜訊」

34 仰望藍天

前面提到，走路時眼睛看著前方可以改善心理狀態。

不過，偶爾也不必急著向前走，可以停下腳步，看一看天空。

請你回想一下，自己上一次停下腳步，悠閒地仰望藍天是什麼時候？我自己之前的日子也是忙得不可開交，根本不記得上一次仰望天空是什麼時候的事情。而前陣子，某個晴朗的一天，我在人行道上停下了腳步，仰望了天空大概1分鐘左右。

那種感覺十分奇妙。雲朵絲毫不顧我和經過我的行人，只是緩緩飄過藍天，始終悠然自得，安穩自如。

一想到在地上的我們汲汲營營、因為一點小事而感到不安或煩躁的時候，那片天空也始終如一，就不禁產生一股無以言喻的安心感。

我也想起了自己小時候經常像這樣站在原地凝望天空，怎麼看也看不膩。

根據色彩心理學的理論，**藍色具有「鎮靜神經的效果」**。這也是為什麼我們望向藍天或大海時會感到安心。

此外，日本大阪市立大學健康科學創新中心的一項實驗也指出，**觀看優美的「療癒風景照」可以減緩疲勞，提升集中力，避免效率下降**。

總而言之，哪怕只是趁工作或做家事的空檔看一看天空或海洋的風景照，也能讓興奮的神經平靜下來，放鬆大腦。

不過，比起看照片，我還是建議大家看一看真正的藍天。望著天空時，你會感覺自己根本「空無一物」，沒什麼好不安的，就算碰到再討厭或痛苦的事情也能釋懷，也有力氣邁出下一步。

仰望天空就能釋懷！

好可愛喔～
看起來好好吃～
只是仰望天空1分鐘
就覺得自己、賺到了！

㉟ 社群媒體斷捨離

你平常會使用哪些社群媒體呢？像是推特（現稱X）、Instagram、臉書、LINE……我幾乎全都停用了，只保留LINE作為聯絡工具。理由很單純，因為使用社群媒體令我感到疲憊，而且即使停用也沒有任何不便。

如果你也覺得使用社群媒體很累，我建議果斷地「斷捨離」。

有人或許會擔心「這樣會跟不上最新資訊」，但請想想，這些資訊真的會帶來幸福嗎？多半只是讓人心神起伏、感到疲憊與不安罷了，而事後根本記不得的大多也只是「垃圾資訊」。

也有人會擔心「不用社群媒體會與朋友失去聯繫」。這一點可能每個世代的狀況不一樣，**不過一旦停用社群媒體就會斷聯的關係，對你來說可能也沒有那麼重要**。

社群媒體充其量只是工具。如果你擁有特定目的，例如分享照片、影片、文章，用於生意上招攬客人或行銷，或當作日記使用，那麼社群媒體對你來說就有價值。

但如果你只是「沒事打開來看一下」、「為了跟上流行而註冊帳號」，那麼使用社群媒體只會浪費掉現實生活的時間，還可能害你被他人牽著鼻子走、錯失成長的機會，說得嚴重一點甚至會陷入「不幸」。

實際上，美國密西根大學就有一項研究指出：臉書的使用頻率愈高，人愈容易感到失落，對生活更容易感到不滿，幸福感也會減少。

我並不是要求各位立刻停用所有社群媒體，但如果你同時使用好幾種社群媒體，卻沒有明確的目的，那麼我建議保留對你最有價值的一個就好，其他的全部刪除。對待社群媒體的態度就和整理房間一樣，懂得斷捨離可以讓你的內心輕鬆許多。

別再被外界牽著鼻子走

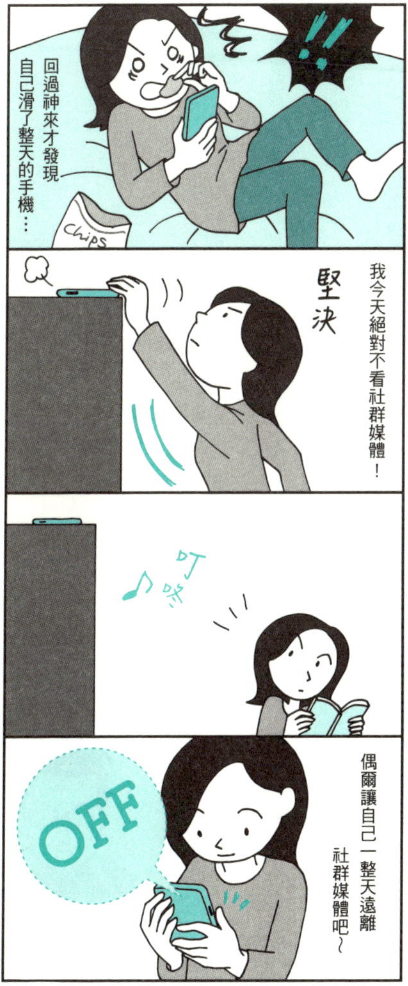

㊱ 只保留真正重要的人際關係

不安的感受，幾乎都來自「人際關係」。只要活著，一定會遇到對你懷有惡意，冷嘲熱諷的人。

碰上這種人的時候，請提醒自己要「華麗地迴避」。

那些人之所以存心不良，其實都是因為「自卑感」太強了。他們尋找可以打壓的獵物，展現赤裸裸的惡意，只是為了消除那份強烈的自卑感。

而個性愈敏感的人，愈容易認真面對這些惡意。明明對方只是因為自卑才欺負別人，敏感的人卻會認真煩惱自己到底做錯了什麼。

惡意對待你的人，說出來的東西「全部都是錯的」。

因為對方只是想宣示自己比你優越。心理學將這種狀態稱之為「優越情結」（superiority complex）。面對這種「明顯有缺陷的人」，請參考以下的敷衍方式華麗地迴避：

【迴避惡意的話術】

對方：「你又不是剛進公司的菜鳥，這種工作如果我來1個小時就搞定了。」

你：「是喔。所以呢？」

「喔。然後呢？」

「你說的對，我也這麼覺得。」

「那你很厲害哎！」

「真不愧是你，謝謝你的鞭策。」

像這樣應對就行了。

當然，面對上司或其他地位比你高的人時，應對上需要多注意一點。但即使面對的是上司，同樣只要敷衍地稱讚幾句就夠了。

那些心存惡意的人，只是想要消除自卑感，所以我們只要隨便說些「真不愧是你」、「真厲害」之類的話，他們就滿足了。

要知道，這些人也就這點水準而已。

人們常說要「珍惜人際關係」，但我認為「八面玲瓏的人反而容易感到不安」。
因此，我建議容易不安的人當機立斷，將心神全部投入「真正重要的人際關係」，這麼一來人生也會快活許多。比如說：

收到郵件時，不需要立即回覆。
有人發火時，不用在意。
公司突然要求加班時，不要理會。
退出婆婆媽媽的LINE群組。
當你不再試圖討好所有人，就能漸漸放下內心的重擔。
生性敏感的你，以往過於重視無關緊要的人際關係，嘗遍了辛酸。
一路走來，承受了太多的不安。
但你已經可以放下了。

願意重視你的人，才是你真正需要保留的人際關係。
當你明白了這一點，想必就能夠過上毫無不安的平穩生活。

面對惡意，華麗迴避

結語

本書基於醫學、腦科學、心理學等各領域古今中外的研究，介紹了36種避免不安的方法。如果你發現似乎適合自己的方法，請務必實踐看看。希望書中介紹的方法可以幫助你消除內心的不安。

最後，我想要再給容易感到不安的讀者一個建議：

「活出自己的人生，活在當下。」

活出自己的人生，不安就會消失無蹤。專心活在「當下」，不安就不會找上門。科學可能沒辦法證明這回事，但我是這麼相信的。

過去的你，是否扼殺了自己真實的想法，長久以來過著「別人的人生」？好比總是聽從父母和老師的囑咐，看上司的臉色過日子，拿自己和朋友比較，導致心靈發出了哀號。「不安」是心靈向你發出的信號，是心靈正在呼喊：「活出你自己的人生吧！」

活出自己的人生吧！不要活在過去，也不要活在未來，好好活在「當下」。

一旦思考過去或未來，你的內心就會被「不安」支配。這也是當然的，畢竟發生的事情已經無從改變，而未來的事情誰也無法預測；光是5秒後會發生什麼事情都沒有人知道了。所以，全心全意地活在「當下」，必然能大幅減少惶惶不安的狀況。

所謂活在當下，就是「做現在該做的事情」。只要從現在開始實踐書中提到的方法，未來的你一定會變得不一樣。
不過，當你的內心飽受不安折磨，感覺什麼也做不了時，請不要勉強自己。這種時候，請好好休息。
出門散散步，仰望藍天，或許心情就放晴了。
煮一鍋美味的大骨湯，好好慰勞你的腸胃也不錯。
又或是沉浸在令人不禁莞爾的妄想，好好娛樂一下自己的大腦。
倘若本書能稍微減輕你的不安，對我而言，無論是身為作者或醫師，都沒有比這更開心的事了。
我想，能透過這本書與你相遇也是一種緣分。願你的不安得以化解，願你的人生過得幸福。

Memento Mori－：船到橋頭自然直－！

【主要參考與引用之文獻】

『敏感すぎるあなたへ』クラウス・ベルンハルト（CCCメディアハウス）
『メメント・モリ』藤原新也（朝日新聞出版）
『今日の発酵食ごはん』是友麻希（ワニブックス）
『がんが自然に治る生き方』ケリー・ターナー（プレジデント社）
『脳はバカ、腸はかしこい』藤田紘一郎（三笠書房）
『超ストレス解消法』鈴木祐（鉄人社）
『科学的に幸せになれる脳磨き』岩崎一郎（サンマーク出版）
『「気がつきすぎて疲れる」が驚くほどなくなる「繊細さん」の本』武田友紀（飛鳥新社）
『職場の「しんどい」がスーッと消え去る大全』井上智介（大和出版）
『科学的に元気になる方法集めました』堀田秀吾（文響社）
『「脳科学×心理学」で自己肯定感を高める方法』弥永英晃（大和出版）
『「すぐ不安になってしまう」が一瞬で消える方法』大島信頼（すばる舎）
『炭水化物は冷まして食べなさい。』笠岡誠一（アスコム）
『いのちを長持ちさせるひとさじの油』オメガさと子（アスコム）
『精神科医が教えるストレスフリー超大全』樺沢紫苑（ダイヤモンド社）
『アラン 幸福論』神谷幹夫訳（岩波書店）

【作者簡介】

莊司英彥

腦神經外科醫師。畢業於日本秋田大學醫學院，主治蜘蛛網膜下腔出血和腦梗塞等急性腦部疾病，曾於東京與全日本各地的醫院任職。長年的診療經驗，讓他體悟到「生病之前有很多事情能做」，於是以此為信條，2016年在日本樹立名為「特約醫療」的新興醫療領域，致力於輔導與協助患者改善心理狀況與生活方式。他除了本身主修的腦神經外科，也精通預防醫學、失智症、美容與抗衰老等領域的知識，是大腦與心理領域的雙料專家。

製作／株式会社伊勢出版
編輯／堀田孝之
設計／藤井国敏
四格漫畫插圖・封面插圖／石玉サコ
本文插圖／高橋京子

KAGAKUTEKI NI SHOUMEISARETA FUAN NI NARANAI 36 NO HOUHOU

Originally published in Japan by KASAKURA PUBLISHING CO. LTD.,
Chinese (in traditional character only) translation rights arranged with
KASAKURA PUBLISHING CO. LTD., through CREEK & RIVER Co., Ltd.

給容易不安的你
科學實證的36種解憂處方

出　　版／楓葉社文化事業有限公司
地　　址／新北市板橋區信義路163巷3號10樓
郵政劃撥／19907596　楓書坊文化出版社
網　　址／www.maplebook.com.tw
電　　話／02-2957-6096
傳　　真／02-2957-6435
作　　者／莊司英彥
翻　　譯／沈俊傑
責任編輯／吳婕妤
內文排版／楊亞容
港澳經銷／泛華發行代理有限公司
定　　價／380元
初版日期／2025年 7 月

國家圖書館出版品預行編目資料

給容易不安的你：科學實證的36種解憂處方 / 莊司英彥作；沈俊傑譯. -- 初版. -- 新北市：楓葉社文化事業有限公司, 2025.07　面；公分

ISBN 978-986-370-820-9（平裝）

1. 焦慮 2. 神經生理學 3. 生活指導 4. 通俗作品

176.527　　114007277